ひぐらしの歌ごえ

昭和前期・矢板地方の歳時記物語

鈴木幸市

随想舎

ひぐらしの歌ごえ

昭和前期・矢板地方の歳時記物語

はじめに――今昔の感、こころの時代

小学校の用務員さんが終業の鐘をならす。カーンカーン……。その音色《ねいろ》を聞くと高学年の子どもたちはせわしくなる。掃除当番を残して先生の話を聞き、帰りの道をいそぐ。

下校した子どもは、縁側の隅にある継ぎはぎだらけの兄貴の古着の山っ着（野良着）に着替え、親の働く田んぼへ。

決して早いとは言えないが、親たちの後について稲を刈る。

このような光景は、どこの家の子どもも上手《じょうず》・下手《へた》はあっても「手伝うことで、親たちの疲れが軽くなればいい」という一途《いちず》な心の表れであった。

親は子どもの宿題などを考えて、「すまない」と思いながらも笑顔でむかえる。子どもが親を思う心、親が子どもを思う心、その心のつながりは太いきずなとなり、親子関係はよりよく結ばれる時代であった。

ふりかえると、江戸時代から昭和前期の三十年ごろまでは、全国的に貧しいながらも、人々は社会生活の中に、親思う子ごころの面影を多少なりとも残してきたものと思われる。

太平洋戦争の終戦は、混乱と貧困を与えた。だが国民の勤勉性は、民主化と経済改革などを徐々に咀嚼《そしゃく》し、物の豊かさを得て昭和三十年頃から国民総中流意識の言葉がはやりはじめた。その反面、心の時代は影を薄め、「何がおこってもおかしくない」という言葉が横行する、恐ろしく身ぶるいするような現実を知らせるこの頃である。

そこで、人生米寿を迎えた私にとって、薄れがちな記憶をたどりながらも、昭和前期の世相を書きとめ、多少なりとも読者の皆さんの心の糧となればさいわいと思い、歳時記物語発行を考えた。

この拙著を発行するにあたっては、平成十八年、矢板市生涯学習課主催のふるさと創年大学が開講され、その講座の中で、聖徳大学教授、清水英男先生の「ふるさとの心をはぐくむ歳時記を学ぶ」講義を受け、歳時記物語作成の端緒《たんちょ》を見いだした。その後も折にふれ、先生のご指導を受け、ここに拙著の発行のはこびとなった。改めて衷心よりお礼申しあげます。ありがとうございました。

平成二十七年十月

鈴木幸市

ひぐらしの歌ごえ　昭和前期・矢板地方の歳時記物語　目次

第二章　農村の年中行事

第四節　秋から冬へ　

三、十二月「師走」来年の準備の月

本書の売り上げは矢板市社会福祉協議会へ寄附いたします。

第一章　農村のくらし

第一節　母屋は家族のきずな館

人は誰でも、ふるさとをもっている。生まれ育ったところをふるさととするなら、「東京の人には、田舎がないからふるさとがない」という声を聞くが、不思議な話だと思う。

ふるさとは心のよりどころである。人びとは、うれしいこと・つらいこと・楽しいこと・悲しいこと・いやな思いをしたことなどがあっても、心に深くふるさとを思い、やる気をもたせ生き抜いている。

その心をはぐくむ拠点が、今でも昔でも同じ母屋であることには変わりはない。

母屋は人と人との心を結ぶ、つまりきずなの館《やかた》であり、きずなは東日本大震災（平成二十三年三月十一日）後、大きく叫ばれたような気がするが、そんなものではないと思われる。

かつての母屋の中にはいろりがあり、めし食い板場《いたば》や座敷ごたつなどがあり、そのほか家族のきずなを強くする場所は、母屋以外にも至る所に存在していた。そのなかにあって、子ども時代を多くの兄弟・姉妹は助け合いはげましあい、時には喧嘩もするが楽しい毎日を送り育ってきたのであった。

昭和三十年前後から、民主化の定着と経済・社会生活などの上向き傾向のもとに、農村の暮らしにも大きな変革が現れ始め今日に至っている。

何代か続いた母屋にも非合理的な面もあり、若者は合理的な母屋などの改善を求める。その反面、年寄りたちは、代々使いこなした古い家への執着心にしみた考えとの間に、悶着《もんちゃく》がおこるのは時代の流れであった。年寄りは時代の流れにさおさすわけにはいかない。

そのような雰囲気の中で、隣近所や近辺地域の人びとは、心なくも競《きそ》うように、母屋の新築あるいは思い切った改築への望みを実践してきたのであった。

とくに、昭和三十五年頃から右肩上がりの生活向上は、農家の母屋に大きな変革をもたらした。

「じいさん、ばあさんも聞いとくれ。春には思い切って母屋を改築したいんだ。あっちこっちで母屋を新築

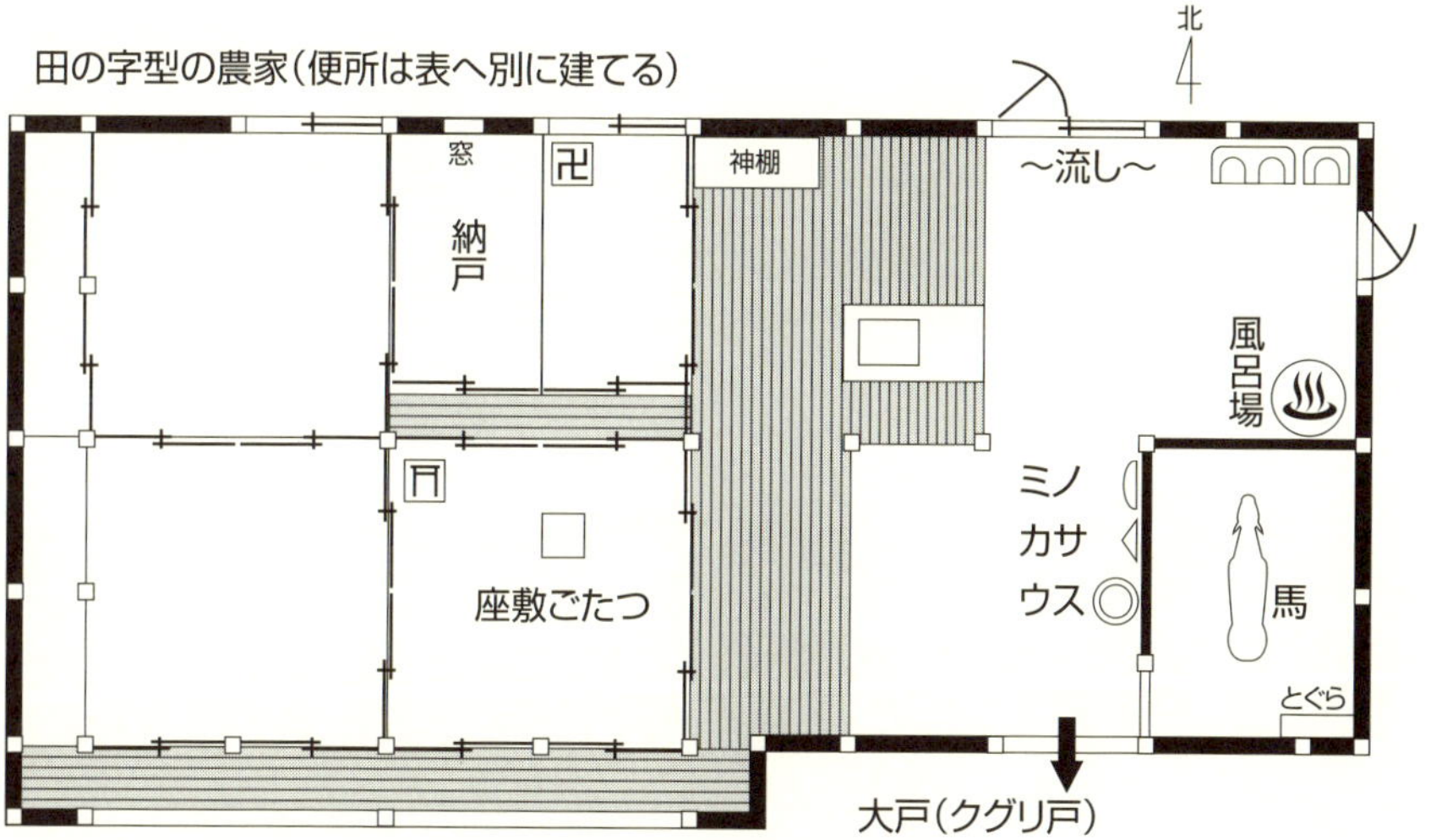

一般的な農家の間取り図

している。田んぼも畑も機械化されてきたので、馬は必要ねい、馬小屋なんかもなにかに使いたい。新築じゃなくて改築だからよかんべと思うんだが？」

　長男は嫁とともに、初冬の昼下がりお茶のあい間にきりだす。

「うん、改築ならよかんべや、おれらの親父《おやじ》もじいさまもこの家でやってきた。家をまるっきりこわしての新築はお金もかかるからなんともいいないが、改築ならいかんべ。おっかぁはどうかんげているかや」

　と、親父はあまり乗り気でない。

「そだね、わっち（私）も住み慣れた家だで（だよ）、こわすのは惜しいけども、あっちこっちの新しい家を見ればしっかたなかんべぃ。なおすとしたら馬小屋は考えるとしても、おかって（流し台）と台所は恵美子（嫁の名）の言い分もよく聞いて直したのがいいよ」

　母親はしっかりした調子で、姑《しゅうとめ》としての立場を確かにするのか声にはりがある。

　このような会話の中心的な存在は長男であり、五十に手が届く年齢ともなれば、思い切った改築を心ひそかに企んでいるのは当然のなりゆきかも知れない。

あけて正月も平穏に終わり、南東風が吹く早春には、庭一杯に建築材がはばをきかして山と積まれ、思い切った改築工事をまつことになる。

「いよいよ、新築すんのけい、いい材木ばかりでねいかい」

と、隣の新築した家の親父さん。

「いやいや、そんな新築じゃぁねいや、金もねい、隣のようにはいかねいや」

といった当の長男の家も、平成の十年頃になると改築した家は取り壊され、豪勢な家屋が新築された。しかし、長男の親父さんはがんこに入らず、新居が完成して間もなく世を去った。

長男一家は豪勢な新居に移り住み、至福の毎日を過ごしている。

「あーぁ。これからの世の中はこれでいいのだ、これでいい」

と、長男は自分自身を慰める。

一、わら屋根への思い

「一昨日《おととい》、飛騨の高山から白川郷をみて帰ったよ。高山もよかったが白川郷が良かった」

「白川がいいってのはなんだい（なぜなの？）」

「なんちゅったって（なんだかんだ言っても）、あのわら屋根（白川郷ではかや屋根）の景色が良かった。一生の思い出になるよ」

つい最近、飛騨を旅した後期高齢者は、口をとんがらかして満足いっぱいにしゃべりまくる。このような感情は、その人の声だけでなく、年寄りたちの心の片隅には、かつてのわら屋根に対し、なつかしむ思いがしみついているのかもしれない。

とはいっても、現在の瓦屋根やトタン屋根などから見れば、はなはだしい非合理性を含んでいるのだが。

わら屋根はふき替えがたいへんだ。農家にとっては、かかり（費用）も人手もかかる、数十年に一度の大事業であり、おお仕事でもあった。

屋根のふき替え職人は、多く会津方面の人びとが泊まりがけで仕事をした。その人びとは、かや屋根や麦わら屋根・稲わら屋根を受け持って作業を進めた。

屋根の寿命（耐用年数）は、日のあたるところや、風通しのよいところで多少違っていた。かや屋根は五十〜六十年、麦わら屋根は三十〜四十年、稲わら屋根は三十年ぐらいで雨もり歌が聞こえてくる。

寿命の短い稲わら屋根で育った子どもには、寿命がきた屋根の末期のころには、雨もり音にせつなさをいたいほど感じさせられた。かやや麦わらで屋根をふけない貧しさと寂しさだ。

北側の屋根は、年中日があたらない。すずめの巣、鳥のいたずら、雨にあたればかわきが遅い、古くなった稲わら屋根は、差し替え作業をよぎなくさせられる。

「きょうは、うら屋根の差しかえだ。一時間でひまもらってこっ（こい）」

と、親父の厳しい声。

「父ちゃん、きょうは二時間目の授業は大事だ（たいせつだから）、二時間でいいけ。おら、二時間目はやりてい、やんねい（やらない）と先がわかんなくなるんだよ」

と、子どもの泣きそうな声。この間、父子の話はとぎれる。

「ほんじゃ、いいや」

と、しばらくたって親父の声。

わら屋根のふき替え

子どもは、二時間の授業をすますと、許可をもらって、いちもくさんに走って家に帰り、せっせと父ちゃんの仕事を手伝う。当時は、このような状況はあちこちに見られた。

二、台所のささやき

昭和三十年代前半頃から、戦災復興も大詰《おおづ》めを迎え生活は豊かになるいっぽうで、親子関係が冷えこむなど、心の持ち方に変化が表れはじめた。農家の母屋も、新築や建て増しなどにより大きく改善された。むかしのいろりには大きな置炬燵《おきごたつ》がおかれ、耕作機械の普及発達により馬は姿を消《け》し、馬小屋は豪勢な座敷となり長男の占有部屋となるなど、合理的な住みよい居住環境が造りだされ現在にいたっている。

かつての農家の台所は広かった。そのため、すきま風が吹き抜ける。夏は涼しいが冬は寒く身にしみる。土間と板場の中央にはいろりがある。その北東側には煮たきするかまどが並べられ、さらに、東はしに水仕事の勝手場があった。その間をおいて南側にはうす暗いお風呂場があった。さらにお風呂の南側約二間四方が馬小屋であった。

北側土間の西側は板場で、そこは家族みんなが一緒に食べる場所であった。板場の南側は、広い土間で夜なべ仕事に使われた。このような台所が、ごく一般的な農家であり、その台所が、家族のきずなをより高める場所であった。次に台所の働きについて記したい。

(1) 会話のはずむいろり端

いろりの働きはすばらしい。いろりは、食事を取る板場と結びつけていた。

いろりは、中ほどに炉がしきられ、板場はコの字型につくり、踏み石もある。そこでは家族が暖を取り、楽しい会話や叱《しか》られたりする所であった。家族がいろりに座る位置はどこの家庭でも自然と決まっていたようだ。ただし、きびしい叱りは仏前とか神棚前だった。

横座には、その家の親父がすわり、向かってその右脇がおふくろ、右脇座に長男・嫁。左脇に長女・次男・三男・次女等、長男嫁はきじりに近く、炉の火だねを消さないよう努める。いろりはときにはありふれた客人をもてなすところでもあった。

さらに、味噌汁を煮たり、魚や餅を焼くなど、大きな働きをするところであった。

いろりを囲む家族

(2) あらぬかかまどはご飯炊き上手

「やぁ。こうや、ご飯炊きにけいれや」

親父の声。

母親はただ無言、間もなく日が沈む。

「うん……」

といって、稲刈り鎌をかごにいれ、家へ向かう。小学校五年生の三男坊だ。

ご飯炊きの要領は覚えている、両側のあらぬか（籾《もみ》

あらぬか（籾殻）かまど（若色利治氏提供）

殻《がら》）かまどの入口に、乾燥した「あらぬか」をいっぱいに入れ、かまどの下の空気入れに新聞紙をさしこみ火をつければ、六人分のおいしいご飯がほっといても出来上がる。なんともありがたいかまどである。そのうしろにある柱には、小さな火ぶせの神がまつられている。

このごろ、台所用品を売るスーパーなどへ行くと、このかまどを目にすることがある。その使いやすさとおいしいご飯の仕上がりが見直されたのだろうか。

(3) へっついのはたらき

「おーぃ。まの水（馬の呑み水）わかしてあるかい」

夕方、田んぼから帰ってきた親父の声。

「うん、わかしたよ」

ここで大事なことは、親父の言葉の終わりの「い」だ。

この「い」には、「せがれは宿題もあるのにすまない」の気持ちがこもっているものと、子どもは受け止めている。

我が家では、へっついを「くど」と言った。そのくどは、あらぬかかまどと並んでいて、薪やそだ木で火の燃え具合を調整できるので重宝《ちょうほう》がられた。

へっついは、一般には角型で、馬《うま》の呑み水（米の研《と》ぎ汁）わかしや、餅米や赤飯を蒸し器で蒸し、それにお煮しめなど、その家にとっておいしいご馳走をつくる用具であった。

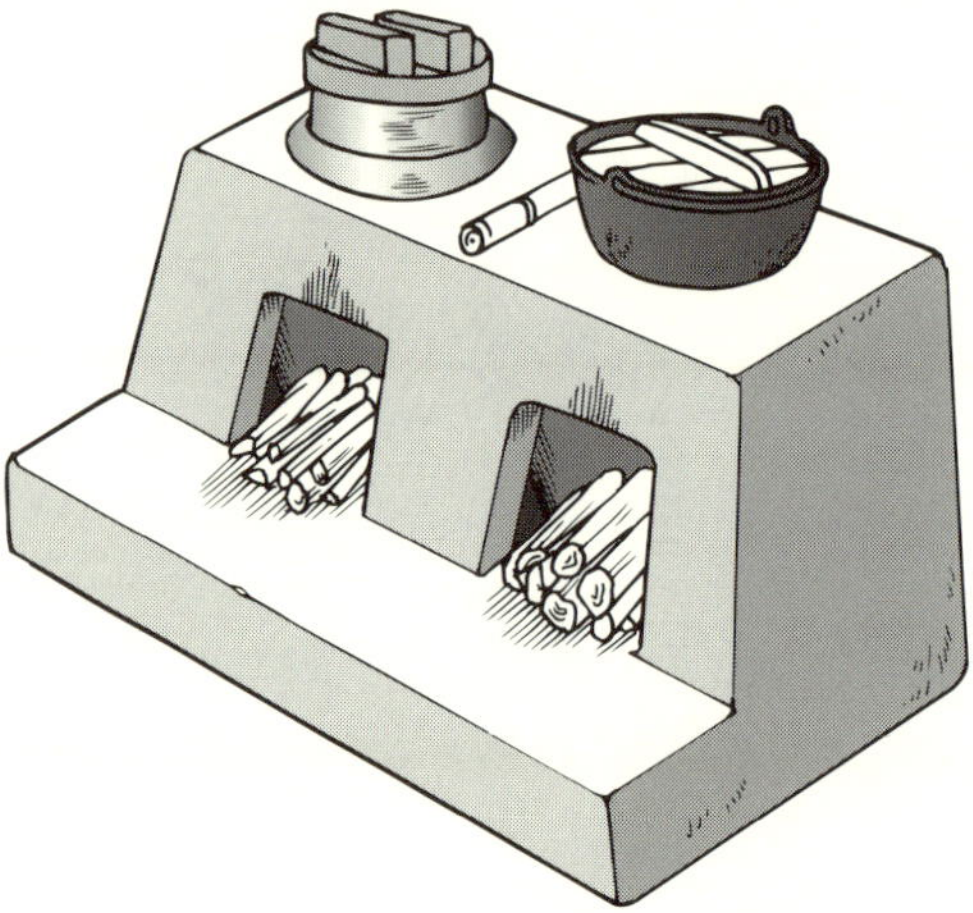

煮たき用のかまど。「へっつい」「くど」ともいう

(4) 流し台のささやき

かってばは、一般的には勝手（かって）とも書き、「おかって」と呼ぶ家もあった。この辺一帯では「ば」をつけて「かってば」と呼びなれている。狭い意味は、流し台のあるあたりをいう。そこには、箱型の板に囲まれた台があり、つるべ井戸から汲んできた手桶の水が常に用意されていた。

昭和十年頃から、台のわきに、手もみ式のポンプがそなえられ、重労働の水汲みから解放された家もあったが、まだまだそとの井戸を使う家が多かった。

流し台は食事を調理する場所であった。そと井戸から汲んできた水は大事に使うのは当然であった。

井戸は、家の前や後ろにあったが、冷たく寒い北風のなか裏木戸を開けて汲む井戸と前にある井戸では、風あたりに多少の違いがあった。広い前庭は籾干し・堆肥干し・葉タバコ干しなど水気があっては困ることが多く、多くの農家では、つるべ井戸は家の裏手にするのが多かった。

「水汲みがたいへんなの。井戸が裏にあり、朝起きての水汲みは、夏はいいけんど、冬はほんとにつらいんだよ」

正月休み、嫁にいった里帰りの娘は、父ちゃん・母ちゃんに涙で訴える。

「ポンプがあればいいんだが、なんとかなんねいけ」

嫁の実家は水汲みポンプだ。

「ひといちべい、あかぎれがきれるおめいのこった。ポンプ屋と話をしてみよう」

一カ月ほどで、手もみの水汲みポンプがいきおいよく水をはじきだし、ときには嫁のはなうたが聞えるようだと聞く。

つるべというのは、「釣瓶」と書き、古い平安時代の書物にも出てくる言葉で、「縄や竿の先に桶をくくりつけ井戸水をくみあげる用具」(『広辞苑』より）をいう。

大きな農家は、滑車つきの麻縄をたぐって井戸水をくみ上げる。それに雨水をよけるために、立派な小屋もたてられる。そのほか、小石を落としてしばらくたってからポチャンと聞こえる深い井戸も、なんとか工面《くめん》して高い料金でも滑車つき井戸にした。

しかし、多くはつるべ井戸でがまんし世をすごした。

　ここでいうつるべ井戸は、竹ざおに桶をくくりつけたものである。井戸端《いどばた》の近くにがんじょうな栗の木などを立て、その先を中心に太いもうそう竹でやじろうべえ型にし、両はしが大きく上下するようにくくりつける。竹の根元になる先端に大きい石をしばりつけ、細い方の先には桶をくくりつけ、石の重さを利用して水をはった桶がすこしでも軽くなるよう工夫し、竹ざおをたぐり上げ、桶を両手でおさえて井戸水が汲めるよう考えた。しかし、この苦労はなみたいていのものではなかった。

　このつるべ井戸には涙と笑いが重なる。嫁の水汲み、子どもの水汲み、年に一度の井戸さらいなど、人それぞれが悲喜こもごもの思い出をもっている。

　井戸はときには冷蔵庫の役目をすることもあった。スイカやかしわ餅まんじゅうなどを冷やすこともある。子どもが多ければ当然、「食ったろう」と次男の兄貴、「食わないよっ」と、あんこが口にへばりついていてもがんこにいいはる三男の弟、そのうちみんなが笑い出して一件落着となる。

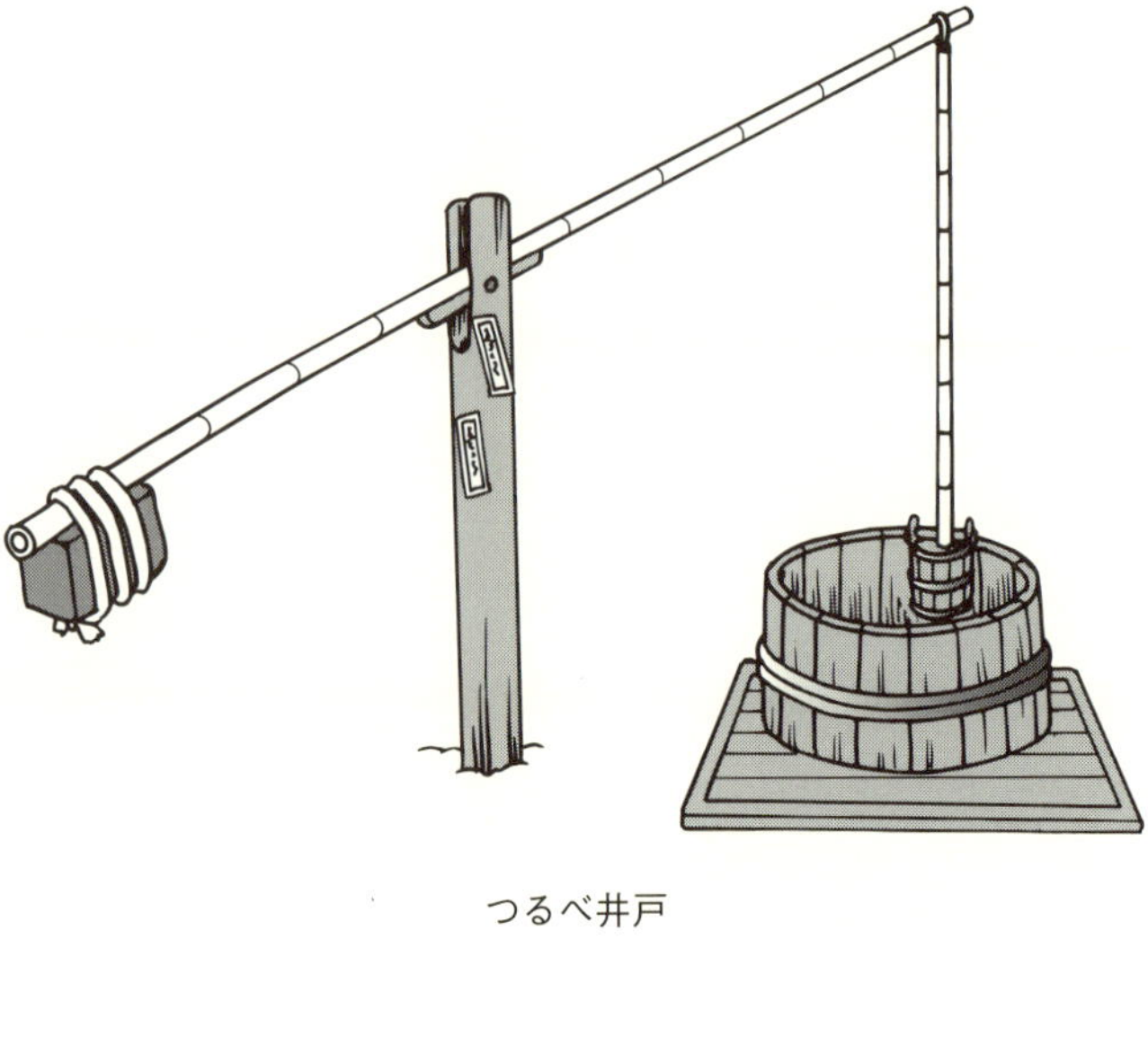

つるべ井戸

(5) 広い板場は食事としつけの場所

　家族が七人から八～九人ともなれば、昔の勧善懲《かんぜんちょう》悪《あく》思想（善を勧《すす》め悪を懲《こ》らしめる考え方）などは、特別の教育指導がなくとも自然発生的に身につくのかもしれない。

当然、一家のあるじは三度の食事のおりには、家族を見すえてゆっくり箸を手にとる。

「なぁーおっかよ、末吉の耳が遠いようだがどうだい。ちょっと医者へかけたらと思うんだがよ」

夫婦だけの寝物語で親父の声。

「うん、わっちもそう思っていたんだ。早いほうがいかんべ」

母ちゃんは、ほんとになけなしのお金を工面することになる。なんともせつない夫婦の会話だが、子どものそぶりで、その子のからだの調子をみる親心がにじみ出ている。

子どもは、川あびで耳に水がはいり、ほおっておいて炎症をおこし、黙っているのを親が目をきかせ、早めに医者へ行ったことでさっぱり治ったという。

「よっちゃん、よっちゃんはいつまでそんな食べ方するの」

「三年生になったのだよ」

「箸を短く持って、飯をかっこむように食うのは、こじき食いといわれるのだよ。もっと長く持ってゆっくり食べよう」

母親のさとす声はやさしい。やさしいが説得力が

家族が食事をする板場

ちょっとたりない。子どもは二〜三日は気くばりするが、もとのかっこみ食いになる。

半月ぐらいたってから、親父の声がなり響く。子どもはそれっきり、箸は短く持てなくなった。

今の彼は、堂々とした体躯で社会行事に積極的に参加し、「我が人生に悔いなし」を座右の銘とし、八十余歳を有意義に送っている姿はすばらしい。

とにかく、三度の食事をする板場（茶の間）では、朝食はだれでも忙しく食べ、野良仕事に取り掛かる親や兄姉、小学校へは三〜四人の子どもたち、それぞれが家をあとに出かける。

①子どもたちの弁当

ここで、子どもたちの弁当をのぞくことにする。昭和十年前後の子どもの弁当のおかずは大半が、弁当箱にぎっしり詰まった麦ご飯の真ん中へんに梅干が一つあるだけであった。

なかには、ご飯の上にちょっと醤油をつけたてんぷらをのせ、昼食の時間ともなれば「これみろや、おれのおかずを……」とばかり見せびらかしてゆうゆうと食べる。かたや梅干組は、右手に箸を左手で弁当を隠すようにして急いで食べるのであった。

さらに、さびしいのは弁当を持ってこない子、いわゆる「から弁当」と、自分でもなかばあきらめがまんする子がいた。この子たちは弁当を持ってこないのではなく、持ってこられない子どもたちだった。

どんな事情か知らなかったが、昭和十年前後、筆者と仲の良かったから弁当の彼は小学校四年までは出たが、五年のなかばごろから姿が見えなくなった。聞けば丁稚奉公《でっちぼうこう》に出されたようだ。戦後に彼の家を訪ねたが、世帯は変わり行方は聞かされなかった。

このように弁当を持ってこられない子は、戦前の昭和十年ごろには数もまだ少なかった。

それが太平洋戦争終結前後からは急速に増加し、全国的にも「欠食児童」として取り上げられ、その対策が検討された。しかし、解決するまでには年月がかかり、ようやく一般的に生活が安定してきた昭和三十年前後になって、粗末ながらの学校給食が始まり、だんだんとその制度も整備され完全学校給食を進める時代となってきた。

② から弁当物語

寿次（仮名）の父親は海軍軍人であった。終戦後、海外からの引揚者輸送の任務を終えて郷里の農村の実家に復員する。母親は東京育ちであった。したがって、彼は近くの新制中学校三年生に編入学することになった。当時は恩給制度も未確立の状態で、ときおり父親は農家の手伝いや土木作業などに出たが、けががもとで体調をくずし、仕事も休みがちとなり、母親もからだの異常をうったえ床にふしがちであった。

そのような家庭生活の中で、長男である彼は、薪《たきぎ》をひろい、川魚をとり、隣近所の用足し（いまでいう便利屋さん）などをして、家族六人の家計を手助けし、学校はつとめて休むことなく登校した。

彼は学校で弁当の時間になると、だれにも気づかれることのないように教室を出て、校庭のはずれの鉄棒の下にうずくまり、ときにはせつなく自分の哀れさを、大声で叫びたい衝動《しょうどう》にかられるときもじっとがまんしたという。弁当時間の終わるのをまって仲間にとけこんで時を過ごす。いわゆる、彼は「から弁当」の異名をささやかれていた。

「ちょっと先生方、聞いてください。あの鉄棒の右端の柱のそばにいる子だが、いつもから弁当なのです。なんかかわいそうなのです」

と、職員室での担任の声。

「うーん、あの子はけんかっぱやいから表にはさわがれなかったようだが、あだなは『から弁当のとっちゃん』と、ひそひそいわれていたようです」

と、先輩で人のよさそうな先生の声。

「かわいそうですね。なんとかならないでしょうかね」

と、同情する中年の女性教員。

「そうだ。考えがある。正門前の道路に面した文房具屋のばあさんと話し合ってみる」

先輩の人生豊かな先生がきりだした。

「どんな話ですか」

と、担任はあわてるかのように聞きだそうとした。

「このごろ、あのばあさんち（ばあさんの店）では、パンのみみ（パンの外側を囲むややかたい部分）を切って、そのパンになにかおいしいものをはさんで、サンドイッチパンとして売り、それがだいぶ売れているようだ。そこでそのみみを少しわけてもらい、彼の昼食として食べてもらう。どうだろう」

「がんこな彼のこと、食べるかどうかは分からないが、よく話して見ましょう」

担任の声で話はきまった。

「それじゃ。私は、ばあさんとかけあってくる」

と、先輩の円満先生、ちょっと間をおいて校門を出る。

「こんにちは。天気が良くて結構なことだね、……あの、きょうはお願いがあるんですよ」

と、円満先生、神妙にばあさんに向かう。

「きょうはめずらしく、しゃっちょくばって（きまじめな態度）何のことだね」

と、なかばけげんそうな顔になる。

「ほかでもねぃ。パンのみみはどんなふうにして食べているんかね」

「あぁ、あれは油でいためたりして食べるが、家畜のえさになるときもあるよ」

「そうかね、分かりました。ところで相談だが、ひるめしの時に弁当を持ってこられない子がいるんですよ。その子にひるめしの一食分として、パンのみみを分けてもらえるかどうかで来たのですよ」

と、円満先生すなおにお願いする。ややしばらくおいて、

「えっ、……わかりました。かわいそうだね。このごろ世間もだいぶ落ち着いてきたのにかわいそうなこった。じいさんにも用たしおわって帰って来たら、よぅっく話してみるよ。けっして悪いようにはしねぃから心配しなさんな」

と、ばあさんも同情心いっぱい。

彼はパンのみみを強く遠慮したが、担任の説得で気持ちよく受け入れ、次の日からパンのみみのおかげで、野球部の中心的存在で活躍し、卒業後は集団就職列車で東京へ。

東京での生活は順調だったが三つほど職を変えた。その三つ目の職場が電気屋で電設工事の小さな工場をもつ店であった。彼はこの店を自分の生きる場所と考えたようで、誠心誠意勤め、やがて夜間部の高校・大学への通学を許された。その後、ひとかどの人物として認められ、電気工事会社の設立となり、みずから社

長としておさまり、東京オリンピックの好景気に直面することになる。

「わたしは、あの先生たちには、頭があがらないです。わたしの子どもらにはよくよく言い聞かせています。ときおり先生がたを、家内の実家である八丈島へ息抜きに案内しています。どうですか、今度行くときいっしょに行きましょう」

と、彼は誘う。

いうまでもなく、八丈島への旅を快諾し、わたしら夫婦も生きることの意義を堪能《たんのう》した二泊三日であった。

(6) 土間物語

かつて、農家の台所は広く年中すきま風がふき交う場所であった。大きい農家の土間は間口四間奥行き五間もあったほどで、現在の一戸建ての小住宅にも当たるような空間かもしれない。

どうして、そんなに広く取ったのか？

農家にとって、台所は命をつなぐ大事な生命線だ。とくに土間の北側のほうは生きるための原動力となる食べ物つくりの場所であった。

南側の広い空間の土間は、土に少なめの粘土を混ぜ合わせて作り出したもので、多少の凸凹はあるものの、日照もよく湿気もあり、兄弟・姉妹の口げんかの場所でもあった。とにかく、南側の土間は多くの働きをもっていた。

① つらかったタバコのし

田んぼの稲刈りも終わり、籾すりが一段落する。そのころは、どこの子どもらも一種の嫌気を感じる。夜なべ（よわりともいう）の葉タバコのしのきつい仕事が待っている。

葉タバコのしは、何日も天日に干してからからに茶褐色になった葉を、のす前に夜露にあて多少湿らして、二人一組になって一枚ごとにていねいにのし広げる作業であった。

あの、眠くてうすら寒い土間でのタバコのしだ。小学校六年生の子どもは、あのつらい仕事を三回（年一回）も経験し、要領は分かっても、眠くて寒い思いは頭にこびりついている。

広い土間の雨戸ぎわはとりわけ、すきま風がようしゃなくつきまとう。

そこに、むしろを並べ、おやじと三男坊、そのわきが兄貴と次男坊、そして、いろりやかまどに近いところは、姉と妹、めいめいが、古くなった座布団を、むしろの上にしいてすわり、タバコのし作業が始まる。

おふくろは、四十ワット一個の電球の下で、みんなの野良着のつくろいをする。この姿は、タバコつくりの農家の典型的な情景でもあったろう。

もちろん、タバコを作らない農家の子どもたちは、親せきや仲間のタバコ作りの農家への手伝いにやらされることもあり、その子どもたちもうかうかと遊んではいられない季節でもあった。

② 夜なべは教える

田んぼや畑の仕事が終わると、親は、いろいろな仕事に就いて家計を助ける。しかし、やらなければならない仕事がある。

それが夜にやる仕事であって夜なべであった。

農家では、来年のよりよい豊作を祈りながら、「俵あみ」や「むしろおり」、「みのつくり」など、夜なべ作業で過ごす日が多かった。

子どもらは、夜なべで働く親たちへ暖をとろうと、いろりで火をもやし、宿題をしたり竹とんぼ・おてだまなどを作って過ごす。その夜なべは、夕食後から九時半ごろまでの時間であった。

ここで、子どもたちの気持ちをさぐってみたい。

夜なべ仕事のむしろおり

親父とおふくろが、台所の一番寒い南側の、大きなむしろおり機械の前にすわってむしろをおり、年長者の兄貴が俵あみ、姉は、たわらやむしろをおるときの縄もじりに専念する。

このような親・兄姉の夜なべの情景を、次男・三男・妹たちはどう見ていたろうか。

「俺たちも、早く大きくなって兄さんや姉さんのように、親の仕事を手伝って、親をらくにさせたい」とは、当時の多くの子どもたちがもつ考えであった。

子どもたちはひとあし先に布団へもぐりこむのであるが、このような情景の中で子どもらは、「親たちの背を見て育つ」の気風が広くなびいていたものと思われる。

当時は子どもの数が多かった。昭和十年前後の、ある小学校同学年の児童数をみると、坪《つぼ》(行政の最小単位)で同学年の子どもが十七人もそろっていた。

それらの子どもたちも、多かれ少なかれ、親を思う気持ちは心の片隅にもっていた。

③ 大きな笑い声

ここではもう一つ、四世帯同居で明るい生活を送っている家庭を記したい。その家庭は、かつての土間を多少改修した場所で笑い声が絶えない家と聞いてはいたが、なるほど玄関の戸をあける前から家の中の笑い声を聞かされる。祖父母・息子夫婦・孫夫婦に曾孫が十時の休みのお茶のみ時間であった。

お茶をいただきながら、

「笑い声を玄関越しに聞かされたが、この笑い声はどこからくるのかねぃ」

と聞くと、息子の嫁が間髪を入れずに、

「おばあちゃんの声に同調しっちゃうの。おばあちゃんは、だれの話を聞いても笑い声で受け止めるの」

その家庭は、地域でも大きな農家であり、四世帯同居で楽しい生活を満足している。そのおおもとはみんなで「笑い声」を出せる環境も一つの条件にはいるようだ。

農家の後継ぎを定着させるのは大変なことといわれるが、その農家では、後継ぎもよそへでる子も見境なく、小さいころから田んぼ・畑へ両親と一緒に出かけ、おりを見ては手伝いをする喜びを、いっしょに味わったものだったという。

(7) まやがら

当時の農家の多くは南向きで、馬小屋は日当たりのよい台所南東につくられていた。小屋の広さは約二間（一間は百八十センチ）四方ぐらいで、多くの農家は一頭の馬を飼っていたが、二頭の馬を飼う家もあった。

馬一頭の値段について古老の話を聞く。

貨幣価値の変動はさほど変わらなかった。昭和十五年前後の話。がんじょうでたくましく高級と見られる馬の値段は、足一本が百円の風説があった。当時この大金は十五円あたりが相場値段といわれた。一頭四百坪の住宅一戸を建てられたという。したがって農家にとって、良馬は高嶺《たかね》の花であって、ほしくともなかなか手が届かないのが現状だった。

① 馬にも召集令状

さらに、馬もち農家にとってさびしい物語があった。

それは、昭和十二年七月の日中戦争開始ごろから、農家が飼いならした愛馬が軍隊に調達される話が聞かされた。

せっかく、丹念に情愛こめて飼いならし、人馬一体じゃないけれど気脈が通じ合うような飼い馬になったころ、町役場の馬事係かと思われる吏員が馬の徴達通知書、いわゆる馬の召集令状をもってくる。数日過ぎると、馬を軍隊に納める係員が見えて馬を引き取りにやってくる。

その日が馬とのお別れ会だ。馬小屋から庭へ引き出された馬は、今日の別れを知ってのことか涙をためているようにも見える。いや、そうじゃない。筆者が涙を流していることに気づく。馬の好物なものをそろえ、家族そろって馬の周りに集まり、背をなでたり首をかるくたたいたりする。

「いい人に恵《めぐ》まれて、けがをしてもがんばって生きるんだよ……」

おふくろはわが子にいい聞かせるかのようだ。にんじん・煮豆・ふすま（小麦製粉の表皮）をたっぷりのかいば（稲わらをきざみ、水と米ぬかで溶いて馬に食べさせる飼料）にいれ食べさせる。ふすまは馬の好物で特別食。

いよいよ、我が家をあとにする馬が、かどみちを出て姿が見えなくなったとき、妹は追うように駆け出し、往還《おうかん》（街道）に出てしばらく手を振っていた。

②馬は神様

馬は一家の働き手の大黒柱と思い、馬頭観音様のお札を受けて馬屋の入口の柱にはりつけ、家族が常にその無事を祈って暮らした。

馬の仕事は大きい。人力ではとうてい及びもつかない重労働の最たるもので、田おこし・しろかきを文句もいわず、終日もくもくと働く。馬は家族同然、朝に夕に馬の顔色、かいばの食べ方からからだのようすなどを見届け大事に取り扱う。そのため、馬の観察がたやすくできるよう、馬の出入り口は台所や座敷に面して作られている家が多かった。

③まやがら

馬は仕事に出ない限り一年の大半を馬小屋で過ごす。たいていの馬は母屋で暮らす家族のくせを知るのかもしれない。馬は出入り口に仕切られた二〜三本のまぁせん棒（馬の出るのを防ぐ丸太の横棒）の間から、長い顔と首を出し家族をじっと見守る。食事時ともなれば馬も食べたくなるもの、あの手この手のいたずらは当然だとみる。馬によっては、家族が食べ始ま

家族とともに暮らす馬

ると、大きな音を立てながら馬糞や尿を排泄する。家族はその音を気にすることはまったくなく、世間話や仕事の話で食べ終わる。

人には人格がある。人格の解釈には善悪の二つがある。えてして人びとは善の見方は少なく、悪を過大に評価する傾向にある。馬にも性格があり、馬格というか「まやがら」と言った。馬の評価も良いところは見逃して、悪いところをじーっとみすえて隣近所で馬鹿さわぎする。

「おれんちの馬めは、家族が食べ始めると、きまってかいば桶（馬桶《まおけ》）を振り回し、あちこちにぶっつけ、うるさくてめしもろくろく食えねんだ」

「うーん。おれげの馬は、みんなで食事を始めると、きまって馬小屋のきまったところのはめ板を思いっきり、けっとばしやがんだ。うるさくて食ってなんかいられねいから、しょうねい、けいば桶にぬけ（米ぬか）ふってやんだ」

まやがらはこのような会話からも馬の悪いくせばかりが話題になりがちであった。

その、くせの悪い馬でも働き手の大黒柱。がまんしながら働いてもらい、そのうち馬の取替え時期がくる。家族みんなが「くせのない馬が来てくれるといいがなぁ」といのる。

でも、取り替えてみるとそれもつかのま、新しい馬は、桶をくわえて振り回し、同じ場所のはめ板をけとばす。つまり同じようなくせが見られるのは、どうしてなのか分からない。

(8) 土間でのいたずら

一応、見かけは平和な昭和十年前後のころ、子どもらは、土間の平らなところを探し、小さな半径一・五センチぐらいの、おわんを逆さにしたような形の穴を掘る。そこに「じゅうのう」（炭火を持ち運ぶ鉄製の柄のついた用具）で鉛をいろりで溶かし、その穴に流し込む。冷めた鉛を上手におわんがたにし、真ん中に下げ針糸がとおるような穴をあけ仕上がる。この大きなしごとは、親はもちろん誰もがいない留守をみはからってつくり、あとは平らにしてすましているが、そのうち見つかりどやされるときもあるが、たいていはうまくいくものだった。

子どもらは、鉛しあげの品物を見せ合い、自慢しあう。やがてそれぞれ竹ざおを持ち寄り、五十センチほどの糸を竹の先端につけ、糸をたらした四十センチぐらいのところに鉛のおもりをつけ、糸の先端にナマズ針をつけて、ナマズ釣の用具が完全に仕上がる。

青々とした田んぼの田の草取りの仕事を終え、曲がった腰を何とか伸ばして、夕暮れ空を身に受け、それぞれの大人は言葉も少なく家路へいそぐ。

子どもらは、そのしおどきを見逃さず、三々五々とあちこちの川へくり出す。かつての川辺《かわべ》の水量は大量であった。

狙《ねら》う獲物《えもの》は、ナマズのみ。えさは小さなカエル、ナマズのいそうなところは向こう岸の足音のしないようなところ、少しよどんでいるところへ、静かに竿《さお》を寄せ、そこで逆さおわん型の小さな鉛のおもしを、水面で上下させ、ぽちゃん・ぽちゃんとえさのカエルが生きてるようにみせかける。すると、夜《よる》がたのナマズは飛びつく。

これで「しめた、うまくいった」と一人喜ぶ。何匹かの釣りおとしもあるが、多くの子どもらは四～五匹をはけご（竹であんだ魚のいれもの）に入れて帰る。

当時の食料事情はけっして良いとは言えない。そのナマズの食材は、家族にとっても栄養のたんぱく源として、子どもたちの働きも大きかった。

三、納戸のおふだ

だいたい長方形の農家は、座敷の北側の一部に納戸《なんど》を設ける。

その納戸の広さは家によって違いはあるものの、間口一間半、奥行き二間の六畳間が多い。天井を含めて板に囲まれ、北側におせじにもいえない窓があり、昼なお薄暗い部屋で、天井を見上げると、刑務所もこんなものかと想像するときもあった。

冬ともなれば、窓や板場のすきま風はさすように冷たく寒く、ときおり粉雪が舞い込む。夏になると、暗がりを好む蚊が集まり、その蚊は槍をといで人の来るのをまちこがれる。

さて、納戸の働きはなんだろう。

赤ちゃんを産む部屋、物置部屋、子どもらの遊び場、家によっては勉強部屋などいろいろあるが、その最も大事な働きは子を産む場所の提供だと思う。

かつて、大正から昭和の前期にかけては、どこの家でもどうしたものか、子どもは多く五～六人が一般的であった。ある農家では、十三人の子宝に恵まれ、その親は息子夫婦をいびりながらも、達者に生きぬき七十余歳で大往生を遂《と》げている。

嫁の姿が少々おかしい、お腹がふらんでいる。姑《しゅうとめ》は、

「あ、また生まれるなや?」

と、ここそこ話に余念がない。

「あんたんとこの嫁さん、まだ生まれんけい」

「何人めかな」

隣近所は口うるさい。

納戸は、日当たり悪く薄暗く、畳にコケがみられ、ふくれあがっている場所もある。それをきれいにふき取り磨きをかける。

きれいになった納戸には、舅《しゅうと》（おやじ）が地区の神社の神主さんへ行き、生まれる子どもの安産を願い、祈祷《きとう》して幣束《へいそく》（お札《ふだ》）をていねいにいただき持ち帰り、そのお札を座敷の大神宮様に供え安産をお祈りしてから、納戸にそのお札を安置し、一家がその無事安産を祈る。

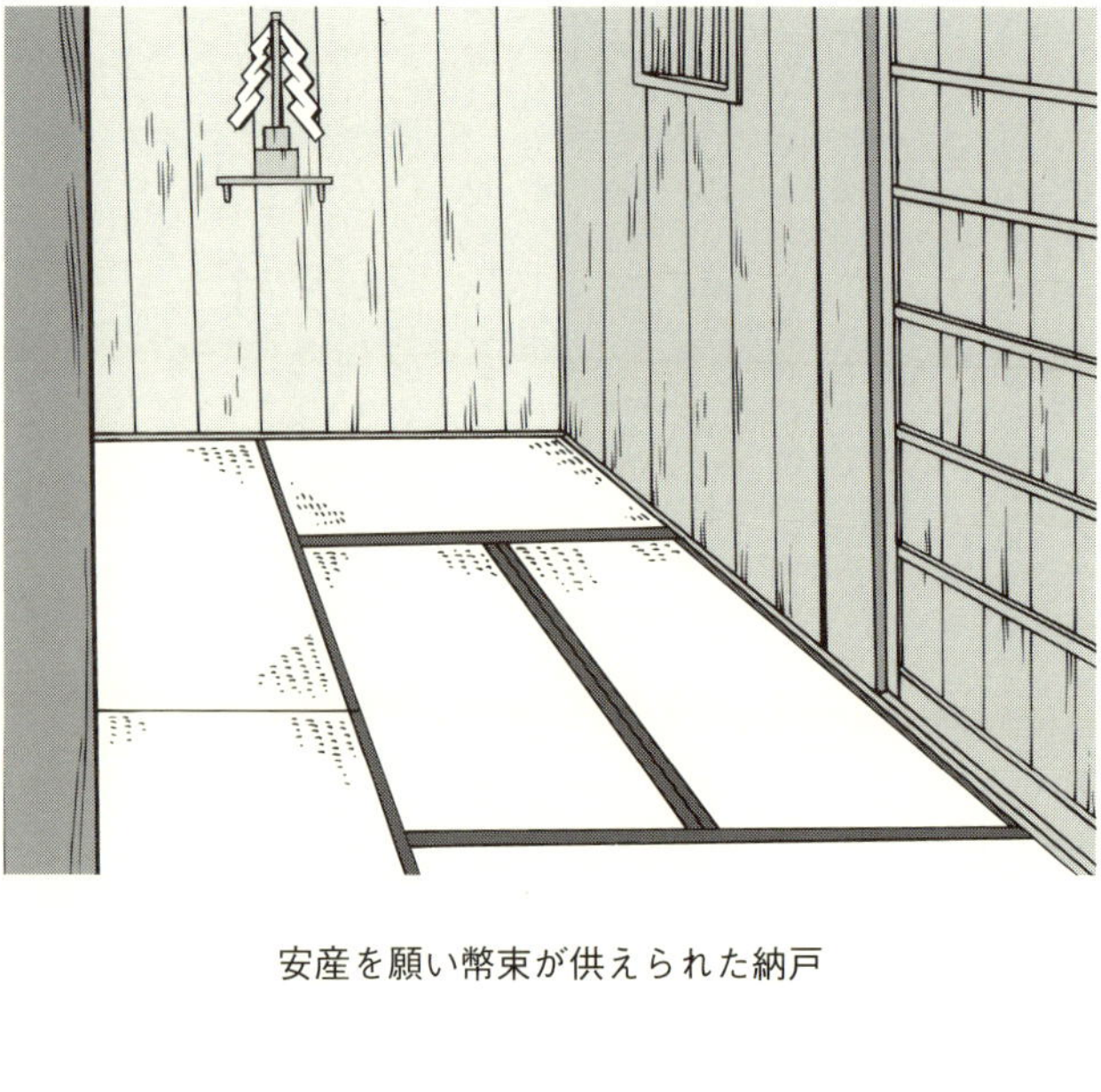

安産を願い幣束が供えられた納戸

それは、半日もかからない家庭行事の一こまだが、家族にとっては大切であり、その行事によって家族の

きずなをより強く結びつけるひとときでもあった。

四、座敷こたつの思い出

かつての農家の座敷も理にかなうところがあった。台所の板場と座敷の間には、大きな角材で造られた敷居《しきい》があり、その敷居をあがると座敷になる。座敷は普通二間《ま》から三間ぐらいが一般の家庭であった。

板場から最初に入る部屋が、八畳間か十畳間であるが、八畳間が多かったようだ。小生の家も八畳間であり、五人兄弟・姉妹と両親とでは狭い感じを常々もって過ごした。

その上座の八畳間には、座敷ごたつがしつらえてあった。その座敷ごたつは、夏冬を問わず上客さまを迎えたときの接待の場となる。冬場には暖をとる場所であり、子どもたちにとってはかけがえのない遊び場でもあった。

(1) ご馳走は横目で見るだけ

「今日はいいあんばいだね、久しぶりに生きのいい刺身とかまぼこ置いてくよ」

魚屋の「みーちゃん」は元気のいい声で、頼まれた品物をてぎわよく器に並べ去っていく。

今日は、地主の大だんなが遊びに来るという。一年に一回ぐらい来るか来ないかの大だんな、小作百姓の親父は朝からなんとも落ち着かない。拭《ふ》き掃除から座敷ごたつへの指示もうるさく、家じゅうがかしましくなる。子どもらは、板場のぞうきんかけや障子のほこり落としなどに無口であてがわれた仕事を無気力に動くだけ、食べたこともないご馳走が届いても食べられないことは、毎年のことで分かりきっている。

地主の大だんなににらまれたらどうなるか、子ども心にも分かりきっている。地主の大だんなから田畑を借り受け耕作している。きょう魚屋が置いていった目もくらむようなご馳走は俺たちは食べられない。

布団なし座敷ごたつには、親父は炭火を小山のように積んで熾《おこ》し大だんなを待つ。やがて上座に座った大だんなは上きげんで、話す言葉もおうようで大きい。

大だんながほろよいきげんで帰るのはいいとして、そのあとの子どもらはうらさびしくなる。せめて残った料理でも煮なおして食べさせてもらいたいところだが、おふくろは、きれいなきっかわに包んで大だんなに差し上げる。大だんなは、ちょっと子どもらの方へ目をやるも、すぐにふところからふろしきを取り出し、あまった料理を包むと足早に去って行く。

(2) 冬の座敷ごたつは子どもらの天国

「母ちゃん、今日ひる過ぎ、きみっちゃん、とっちゃんが遊びに来るんだけどいいね」

冬休みのある日の妹の声。

「いいよ、呼んできな」

母ちゃんは二つ返事で承知する。信頼関係が深い証拠か。

やがて、きみっちゃんらが来宅。

座敷ごたつにはこたつやぐらがおかれ、大きな掛布団がやぐらにしかれ、子どもたち三人は、きゃぁきゃぁと声の大きいこと、障子の紙がビリビリするほどであった。やがて落ち着くと、かるたとりやすごろくと、休む間もなく遊びは続き夕暮れ近くなる。

「今夜の夕食はおいしいとろろ飯だよ、みんな腹いっぱい食べてちょうだい」

と、母の声。

「どうする。家へ帰ると怒られねいかな」

「だいじょうぶ。だいじょうぶ。食べてよ」

話は食べることにきまる。子どもらは、座敷ごたつを抜け出しいろりに座り込む。

とろろ飯で満腹になった子どもたちが帰るころ、急ごしらえの荷車馬車に、山の木の葉を満載にして帰って来る疲れた親父や兄姉とあう。

「さようなら」、「さようなら」

と、子どもらはいったが、「ご馳走様でした」とは言えなかった。満腹感の子どもらは、山仕事を夕方遅くまでやり、空腹をがまんしながら帰って来たこの家の人々には、申し訳《わけ》ない気持ちがあったのだろう。

「〇〇ちゃん。とろろ飯だよ、箸と茶わんもってきな」

小学生のころだったが、親に話して急いで箸と茶わんをもって隣の家へ。このような農家の雰囲気は、貧しいながらも戦前の隣同士の温かい声かけであった。

第二節　農家の庭は広かった

ここでは、かつての「農家の庭がどのように使われたか」を、九十歳前後でしかもしっかりとした意識をもち、書いてもしゃべってもきちんとする老人一家の聞き取り調査をさせていただき、その資料を参考とし、あわせて筆者の経験などを通して、昭和前期の農家の庭の年間を通しての使い方を記載することにした。

農家の庭は、年中休みなく良く働いた。多くの農家のつるべ井戸が、前庭に作らないで裏庭に設けているのが多かった。なぜなら、前庭の南端には馬小屋の中で馬に踏みつけられた木の葉と糞尿《ふんにょう》の堆肥が定期的に肥《こえ》出しされ、いわゆる堆肥の山が四角四面にきれいに積み上げられていた。

雨水は堆肥を通して地下水に浸透する。いま思えば、つるべ井戸を使った当時の人びとは、知ってか知らずか狭い裏庭をきれいに整備し、井戸神様の象徴《しょうちょう》の幣束《へいそく》をつるべの軸木へ結び、毎日休むことなく使用したことは、保健衛生的にも自然の摂理にもかなうすばらしい考えだった。

一、庭の南は木の葉の山

農家は、旧暦正月から新暦正月に移行するのは、作業上のやりくりに迷いを抱き、すんなりと「ハイ、分かりました。あしたから旧正月はやめて、新正月にします」とはいかなかった。その理由の一つに、農家の生活のけじめを自身の手でつかみとり、百姓たちが、みんなで楽しむひと時は、旧正月あたりが最適と考えていたことがあげられる。したがって、新正月や子どもたちの冬休み（年末から年始までの二週間）は、親たちの眼中になかったのかもしれない。

とにかく、米つくりがやっと終われば、堆肥用の木の葉さらい、一年間の燃料の薪《まき》つくり、松葉さらいがまっている。仕事が一段落するのは一月下旬以後のことで、新正月を楽しむ余裕などまったくなかった。

木の葉を馬小屋にふんだんに入れ馬に踏ませて作っ

た堆肥は、当時の農家にとっては最も大量で大事な肥料の一つであった。霜枯れ落葉した一カ月以内の木の葉は、堆肥としての滋養分も多いとの指導を受け、この辺一帯の農家はこぞって寒風の中を雑木林へ親子づれで、荷車やリヤカーを引いて木の葉さらいに向かうのだった。

昭和三十年代後半ごろから、農業機械の発達と農業技術の改良によって馬の姿がなくなり、そのころ時を同じくして、木の葉さらいの作業も減少し、さらに石油依存の熱エネルギーによって、一年間の薪《まき》つくり、杉っぱさらいも必要なくなり重労働から解放された。そのせいか、全国的に雑木山が荒れ放題になり始めたのは農業機械の普及以後であった。

木の葉さらい物語

馬をたよりの稲作農家が、大量の木の葉をさらい、庭の片隅に木の葉の山が出来上がる。その木の葉は、馬小屋の寝床となり、堆肥となる。ここでは、その真冬の木の葉さらいの様子を記したい。

「あしたは土曜日だな。木の葉山に積んだ木の葉を運ぶので、ねいや（長女）は、学校休んで手伝い。いいね」

と、親父は半ば威圧的な口調《くちょう》で子どもらにいう。ねいやは小学校高学年で級長を務めている。欠席などはしたくない。だまってうつむく。

作業場でもある農家の広い庭

そこで、母親が、

「ねいやはいいよ。土曜日だから帰って来たら夕飯の用意をしておくれ」

と、さとすようにいう。

「うん、うん、それでいい」

親父も、母さんの声に賛成し明るい雰囲気がただよう。

夜が明ける。親父とおふくろ、それに去年小学校を卒業した長兄の三人は、すでに荷車をひいてあの山坂を登っている頃か、残された弟妹はねいやの世話で、朝飯を食べ弁当のおかずに梅ぼし一つを真ん中に押し込み学校へ向かう。

木の葉さらいの山は、家に近い・遠いがある。山持の家は近い所に雑木林を広く持ち、作業ものびのび進めるが、よその山を借用しての木の葉さらいは遠いところの雑木林が多かった。

木の葉さらいは、前の晩に研ぎすました鉈《なた》がまや草刈がまで刈り払い、篠ざさや小枝はそだ木として束ね、燃料として使う。そのあと、熊手を使って木の葉をかき集め木の葉の山を作る。その山になった木の葉を縄のかわりにわらの先だけを結んだ「まっつら」で大きく束ね、荷車のところまで運びあげる。この作業も並の苦労でなかった。小学校高学年の子どもらには、とても重くて持ち上げることもできず、親たちの仕事をじっと見守るだけであった。

腹のへり具合で昼食をとり、そのあとちょっとの時間を刈り払いし、帰りじたくにかかる。この時間を見逃すと、遠い山からではまっくらやみの帰宅となり、明日の作業に影響する。

二、薪やま通い

石油コンロやガスコンロの燃料が普及し、大昔から続いた台所の薪《たきぎ》が消滅するのは昭和三十年代後半頃であった。それまでは、一年間の燃料の薪取りは大切な作業であった。

木の葉さらいが終わり、寒さが厳しくなる新暦一月半ば頃はその仕事がまっている。子どもらにはあまり関係のない薪つくりであった。

山もちの農家では、雑木林《ぞうきばやし》の山林を計画的にナラの木を中心に、五～六年交代に切り出し、いろり、かまど、ふろなどすべての燃料とした。

雑木林を持たない家庭、とくに農家では、気の合った仲間何人かが組んで雑木山を買い、伐採から枝とり、そして基準にあわせて薪《まき》つくりをする。

薪つくりの基準は、村内の住宅街にも販売可能な寸法で、厳しく守られ一般化されていた。

薪棚のくじ引き

薪の長さは三尺が一般的だが、販売しない自家用では二尺、高さは三尺、横の長さは一間、この組み方を一棚とした。

薪の棚がきちんと出来上がると、仲間のそれぞれの主人公が集まり取り分がくじ引きで決まる。どの棚が当たっても、しっかり組まれているので不平は全くなかったようだ。

農家で一年間に燃やす薪は、二棚から四棚ぐらいであった。

とくに、昭和の初めごろから、「あらぬか（籾殻）かまど」が普及してご飯たきができるようになり、薪つくりの労働も軽くなった。

薪の運び出しは、荷車やリヤカーで我が家へ運ぶのだが、なんと言っても生木は重いので、遠い薪山では馬車屋さんに頼むのが多かった。庭には大量の薪やそだ木が山と積まれる。大人にとっては、その薪わりが一仕事であり重労働であった。

薪つくりが終わると、山持の家では「山仕たて」と

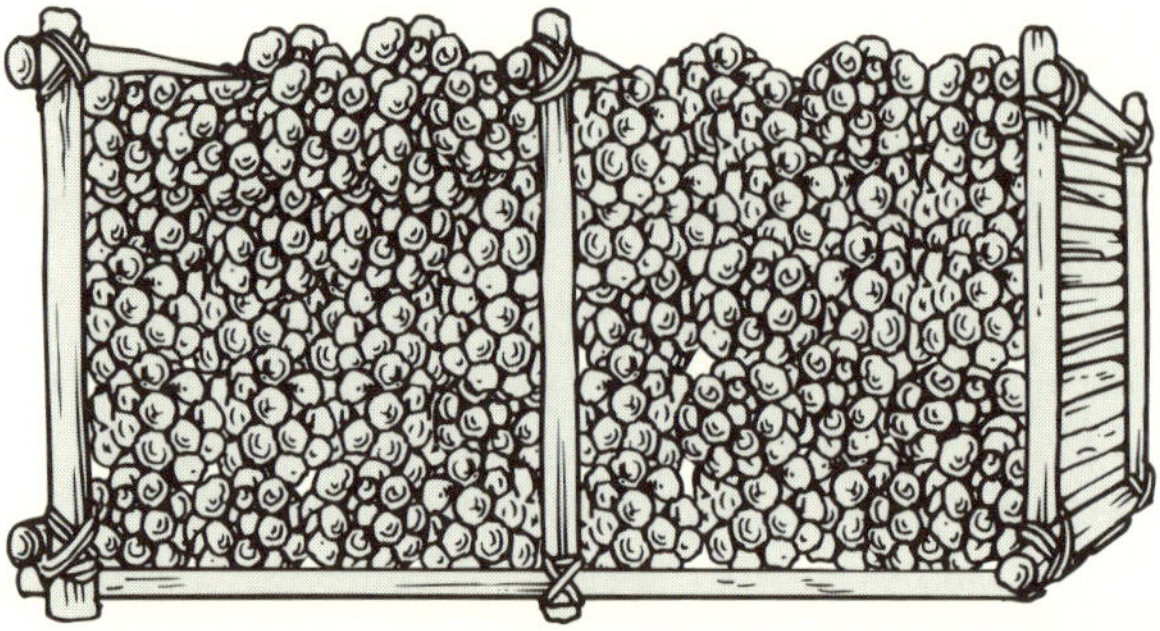

高さが３尺で横が１間の組み方を１棚とした

か「下払い」といって、雑木林が良く育つようにナラなど堆肥作りに必要な木の葉になる樹木は残し、篠笹や小雑木は刈り払いし、束ねて家へ持ち帰り木小屋に納めて燃料のたきつけとした。

昭和三十年代半ばから、農家にも大きな変革が全国的となってきた。農作業の機械化・台所の化石燃料の一般化は、農家にも驚くほどの勢いで普及した。

台所には、電気冷蔵庫が入り、ガス炊飯器がやがて電気炊飯器となり、木戸を開ければ電気洗濯機が力強く汚れを落としてくれる。家庭の主婦はこれら用具に「ただただ感謝あるのみ」と思いながら当時を過ごした。

春先薄ら寒い三月なかばごろには、農耕馬に代わって、田うない、しろかきなどが年々改良され、耕耘機がうなりを響かせ、予想もしない速さで作業効率を上げていく。

秋ともなれば、稲刈りも籾すり（米つくり）も機械化され、サラリーマン農家にとっては、「休日農業だよ」と自負する声もある。農業の重労働からの解放が、日本経済の発展に大きく寄与したことはまちがいない。一方、木の葉さらいが影をひそめ、薪を必要としない雑木林は、杉やひのきの多大な植林計画と実施により、そのせいか花粉症になやむ人々が驚きおののくのが現状である。

三、醤油しぼり

昭和三十年前半ごろまでは、春まだ浅い二月から三月にかけて、醤油《しょうゆ》しぼり屋さんに、一日かけて一年分の醤油しぼりを依頼する農家もかなりあった。

醤油をしぼるのは一日で終わるが、しぼるまでの醤油の元になる「もろみ」造りが、大変な作業で長い日《ひ》数《かず》がかかった。

(1) 子どもらにも楽しい醤油しぼり

このしぼりが、冬休みとか日曜日となると、子どもらは、はしゃぎ回る。子どもらは、家族が全部そろって庭先での醤油絞りを見守る光景が嬉しいのだ。

さらに、醤油つくりの原料の一つである水あめを頂戴し、得意になってなめまわるのも楽しみであった。

醤油屋さんは、どこから来るのか知らないが、あいさつが明るく夫婦なかむつまじく仕事を進める。

大きな大八車から、しぼり道具をおろし、もろみを煮詰める大釜《おおがま》などをおろすと、なれた手つきで庭先の一角に、にわか作りのかまどを掘りあげ煙突をつけ、そこに大釜を据えつけ、もろみを大釜いっぱいに満たし、かまどに大量の薪を入れて火をつける。

数時間で煮えたったもろみをよくかき混ぜ、甘い香りがまわりに漂い始めると、かまどの火は消され余熱でしばらくおく。

ここで一服となり、職人さんと家族の会話がはずむひと時であった。

「ここんち（ここの家）の坊やたちはみんなかしこいね」

「ぎょうぎがいいね、成績もいいんだろうね」

なんて、親たちに向かっていわれると、聞いてる子どもらは、おせじとは思いながらも少しは嬉しく神妙になるのはあたりまえのことか。醤油屋さんは、同じ言葉をどこの家でもいうのだろうが。

「あそこの息子さんは、しっかりものだよ」

「口かずは少ないようだが、仕事のしかたにむだがない。ああいう人をむこさんにすれば嫁さんはいいだろうな」

醤油屋さんは、当時の情報屋の仕事も引き受けていたのかもしれない。

長い休み時間を大窯で煮つめられた「もろみ」の冷め具合を見はからっていたのか、「さて」と気合を入れて立ちあがり、夫婦はてぎわよく大きなひしゃくで、もろみを大きな麻袋につめ入れ、箱型の大きな醤油搾《しぼ》り器の底から、袋を横にていねいに積み上げる。

箱の中央には、鋼鉄製の大きなねじが切ってある心棒がある。もろみを入れた袋の上面をよくならし、全体を分厚い板でおおい、そのねじを利用して醤油をしぼりだすのだ。その後、大釜で塩と水あめで煮たて醤油ができあがる。

家族七人ぐらいが平均的な農家では、一年間に消費する醤油の量は、八升樽（一升は一・八リットル）で十樽前後であった。

午前と午後の二回しぼりで夕方遅く、醤油屋さん夫婦は、ねんごろにあいさつを交わし、重荷の大八車を引いて家路へ急ぐ。「ごくろうさま、ありがとう」の声こそ出さないが、家族みんなが見送った。

(2) 醤油のもと、もろみ造り

醤油しぼりは「もろみ」造りから始まる。

もろみの原料は、大豆が主で小麦こうじ、塩であった。

もろみの仕立ては、まず醤油屋さんの指導で、醤油の年間必要量の大量の大豆を煮込み、煮上がった大豆を板場に広げ冷ましてから、こうじと塩を混ぜ合わせる。

混ぜぐあいを見はからって大きな八斗樽に入れ、かきまぜてふたをし味噌小屋に据え置く。ときおりよくかきまぜ、半年前後の間、大豆と小麦こうじの発酵・熟成をまつ。

醤油屋さんは、熟成状態や天気などを考慮して、醤油絞りの日にちを決めに来る。

「母《かあ》ちゃんよ、もろみがいいあんばいの匂いがしている。酒のさかなに大根などのもろみ漬けもうんめいべい」

「うん、ちっと（少し）造るか、子どもらのべんとうのおかずにもなるね」

そこで、母親はもろみを小さな瓶《かめ》にうつし、大根、にんじん、ごぼうなどの野菜を適当に切り、もろみにさしこむ。数日たつと茶褐色になったもろみ漬けはおいしい香りで、弁当のおかずになり、長い間の梅ぼし一個のおかずから解放される。

四、葉タバコの種まき

葉タバコ農家のどこの家でも苗床枠《わく》が作り終わったのをみて、葉タバコ組合仲間（隣組とほぼ同じ）が集まり、班長さんを中心に種まき日時など作業の手順を決める。

この苗床種まきは、隣近所の大人たちが集まって、声を出しあい作業が明るく進められた。子どもらも一生懸命に水汲みなどを手伝った。

この作業は、春めいてくる二月末ごろの隣組の協同作業であり、心と体をぶっつけ合っての仕事は、大人にとっては隣近所の交わりをさらに深める機会でもあった。

子どもらにとってもその作業を見守り、協力している姿を見れば心も楽しくなり、はしゃぎまわるのは当然なことだった。

協同作業は、苗床に大量の木の葉を撒き散らす者、水を運ぶ者、棒《ぼう》で木の葉をかき混ぜる者などの役割分担が決まる。

「さあ、はじめようか」の班長さんの声で、一斉に作業がはじまる。

木の葉の大きな束を、かるがると運び苗床にまき散らす。さらに竹棒でかきまぜ、そこに水をまんべんなくかける。やがて苗床いっぱいに水にぬれた木の葉を数人の大人が踏みつけていく。踏みつけた木の葉が苗床の八分ぐらいの高さになったところに、湿った苗床用の良質の土を一面に広げ、トタンを丸めて造った種まき器で、経験豊富な年寄り数人が上手にタバコの種を下ろしていく。

時計は三時を少々過ぎている。二軒目の作業が終わった。当家のおかみさんと嫁入り前のねえさんが造った、熱いすいとん汁を、

「うまい、うまい、腹の調子もちょうどいい」

と、気持ちよくよばれて家路へ急ぐ。

五、にわとりの放し飼い

昭和十年ごろの農村風景である。

養鶏産業は終戦以来今日まで、とくに鶏卵の価格の安定は他の産業に勝るとも劣らない。戦後、卵が日本人の栄養の一部をまかなってきた功績は大きい。

大量の鶏卵は、想像以上の大規模養鶏場によって生産され、新鮮な卵が朝の食膳にいろどりを添えてくれる。これもありがたいご時世の一つである。

しかし、このごろは鳥インフルエンザなどで、にわとりが大量に処分されるという報道には、なんとも心もとない気がする。

にわとりの宿は「とぐら」

当時の農家の多くは、七羽前後のにわとりを放し飼いしていた。その数は家族の構成を考えてのことかもしれない。私の実家でも家族七人で、常に、にわとり六〜七羽を飼っていたが、家によっては十羽前後のに

わとりを飼う家もあった。

その放し飼いは、昭和三十年ごろまで続いていた。「コケコッコー。（少し間をおいて）コケコッコー」と家の中でおんどりが勇ましく「とき」（鳴くこと）をつく。

にわとりの目覚めは早い。夜明け前、馬屋の上の箱型の「とぐら」から、大きな声で鳴きだされては、人間様もたまったものではない。結局、家族はぼそぼそと目覚め、親父さんは土間の大戸を開ける。

にわとりは「ありがとう」をいうかどうかは知らないが、はばたきをしながらつぎつぎととぐらから庭へ飛び出していく。

放し飼いのにわとりが、日中は広い庭や湿りがちな裏山を好き勝手に走り回る。おんどりが格好なえさ場を見つけると、「こっこっこっ、こっこっこう」と鳴きあげる、めんどりを呼び寄せるためだ。なんともいえない風景を今でも思い出すと、八十九歳の古老は意味深く話された。

確かに、おんどり一羽が、多くのめんどりを従え、屋敷内をかけめぐりながらえさを求め、敵からは先頭にたってめんどりたちを守り通す。夕方になると、親父か兄貴がとぐらにはしごをかけてやる。するとめんどりが先を争うかのように、梯子《はしご》をのぼりとぐらに入り、おんどりは最後にのぼっていく光景は、当時の人々にもなんらかの教訓になっていたかも知れない。

筆者の実家のにわとりも、おんどりがとてつもなく気が強く、けんかっ早く、大人・子どもの区別なく形相変えてむかって来る。

にわとりが飼われていたとぐら

気の弱い子どもと見ると、おそろしい剣幕《けんまく》となる。小学生低学年の頃は学校から帰るのが嫌になったことがあった。両親や兄・姉たちが野良から帰るころあいを待って帰宅したことを覚えている。そのうち親父も気の強いおんどりと分かって、そのおんどりを変えたが、馬にかかわる「まやがら」じゃないが、これも「鶏がら」の一つか、前よりは多少おとなしくなったような気がするが、相変わらず強いおんどりであった。

当時は卵は貴重品で、子どもらは食べたくてもなかなか口には入らなかった。優先的に食べることができるのは病人であり、病気見舞いには、十個・二十個を箱に入れるか新聞紙に上手に包んで、おふくろがもっていくのを子どもらはうらめしそうに見送った。

にわとりを「とぐら」で飼うころは、卵を生む場所は自由であった。あま屋の軒下《のきした》とか木小屋のすみなどで生む。ときには知らないうちに、ヒヨコをつれてくるときもあり、家族みんなが喜んで大事に育てたものだった。

小学校五年生のころ、県内相撲大会が日光東照宮であったが、筆者は補欠で出ることになった。そのときおふくろが卵一個をご飯にかけてくれた。おいしかった。しかし、今でも兄弟、姉妹の懇親会があるたびに、それが話題になるのには閉口した。

さて、家族同居の馬屋の上へ「とぐら」を造ってにわとりを夜休ませるのは良いとして、夕方になればにわとりたちは、どのようにして馬屋の上の宿にたどりつくのかあちこちの話を聞いた。

古老の話では、両手で握れるような竹棒に縄をぎっちり固くまいた「登り棒」とよぶものをとぐらにかけてやる。

にわとりは、その竹棒の縄に爪を立てながら一段ごとに上手に登り「とぐら」にたどりつき、犬や猫、いたち、狐の天敵から完全に守られ、にわとり一家はゆうゆうと安眠できるという。

実家での「とぐら」は、母屋の馬屋にあたる外側軒下の高いところに、家具の長持ぐらいの箱を固定して作ったものであった。

その大箱に向かって、古びたはしごをかけて登らせていた。朝になると、にわとりは羽ばたきをしながら一羽ときには二羽と飛び降り、ぶつかり合うことは見たことはなく、「飛び降り規則」は守られていたのかも知れない。

にわとりが、はしごを上《のぼ》り「とぐら」に落ち着くようにするには、親父がいつ仕込んだのか分からない。とにかく、にわとりはそこが安全な場所と分かれば、はしごでも登り棒でも、すぐに利用するものだと知ったのはこのごろである。

戦後は、長男・次兄・小生ら三人が復員し、それに長男孫の二人と家族がふえ、とぐらでは卵の供給が間に合わず、日当たりのよい庭の片隅にいたち防御のがんじょうな鶏舎を造り、多くの鶏を飼うようになったが、親父はその卵をこっそり溜め込んでは売り込み、酒代にしていたのを覚えている。

六、庭ぜんたいがハッテ

(1) 葉タバコ収穫作業

真夏の田の草三番取りが終わり、農家がやっと一休みしたいころ、葉タバコは下っ葉から黄色みがかって収穫の時期を知らせている。

「やっと、田んぼの作業も一段落し、みんなで休養したいところだが、タバコのほうが待っていない。やるしかない」

と、親父はつぶやきながら外へ出る。

まず、乾燥させる時期ともなれば、疲れた体にむちうって、庭一面にハッテが組み立てられ、ひぐらしの鳴き始めるころから中秋のころまで、長い間の葉たばこ干し作業が始まるのであった。

ハッテとは、長さ四～五メートルのあら縄に葉タバコ一枚ごとに縄のよりめに挟みこみ、「連干し」という天日干《ぼ》しをするため、その縄の両端を支える頑丈な木組みのことをいう。

葉タバコは、大人の背丈よりも高く伸び、葉の大きさは下の方から土葉《どは》、中葉《ちゅうば》、天葉《てんぱ》と呼び、土葉の大きさは種類にもよるが長さ約三十センチの楕円形で、中葉、天葉へと高さに従って小型になる。

(2) 葉タバコ天日干し

庭一面のハッテに、一枚ごとに縄で吊り下げられた生《なま》みの葉タバコは重い。

からからに乾くまでの作業は、納屋などから出したりしまったりの繰り返しが続く。このタバコ干しは、気をゆるめることができない。

高原おろしは気まぐれで、いつ時雨《しぐれ》が来るか分からない。サッといちじんの風と共に降る雨は、家族全員の気持ちを引き締める。

昼飯を久しぶりの焼き魚でゆっくり食べている間に、サッーと時雨が降ってきたのでたいへんなさわぎになったことを覚えている。

一家総出のタバコこみ、ねこの手も借りたいところでなく、猫でも放し飼いのにわとりどもも蹴飛ばされたりの大騒ぎ、見るに見かねた隣の勤め人の夫婦がかけ足で来て協力し一件落ちつく。

とにかく、葉タバコは雨に当たると品質が悪くなり、等級が下がり値段も安くなる、

ここでは親父も、隣の夫婦にていねいに頭を下げ心から感謝する。ありがたいことだ。

親父だけが頭を下げればいいという時代ではなかった。その家の子どもらも、こぞって隣の夫婦には「ありがたい」「たすかった」と感謝の気持ちを心に刻み込む。このようなことが隣人愛を生むおおもとになったのだろう。

七、農閑期の庭は子どもらの遊び場

それにしても、当時はなぜか子供の数が多かった。私の身内にも十三人の子どもを生んだ伯母がいた。もちろん「生めよ、殖やせよ」と、軍国政治家が大口開けてわめきたてた時期より、はるかに以前のことであった。

その当時は「貧乏の子だくさん」という言葉を耳にした。子どもたちにもいろいろ意識はもっていても口には出さず、あえて気にすることは少なかったようだ。

子どもの数が多いことは遊ぶ場所も広いのがよい。農家の庭は最適だ。

「今日は、みんなでたけんちゃんち《(家)》で遊ぼう」

と、朝の通学時にグループリーダーが、あちこちの仲間に声かけをする。

農閑期の農家の庭は広く、子どもらにとっての邪魔《じゃま》物《もの》は一つもない。格好の遊び場であった。

その日の午後、子どもらは三々五々友だちをさそって集まってくる。小学校高等科二年生を中心に低学年を含めて十五人前後集まる。

リーダーがグループごとに場所をきめると、そこですぐに遊び始める。

遊びの内容はグループで決める。石けり・肩章合わせ・パス・竹うま競争・走りはば飛び・走り高とび・陣取りなど多彩な種目をこなす。夕焼け雲が西の空を染めるころ、子どもらはなごりおしそうに家路へいそぐ。

第三節　人生の通過儀礼

個人が社会生活の中で、十五歳から六十歳までを一人前の大人として扱ったのは、中世鎌倉時代以後といわれ、江戸時代末期までは十五歳で元服し、六十歳の還暦をむかえて現役を隠退した。隠退すると年寄りとなり老人の仲間へ入り、社会的な役割が認められるのは少なくなる。女性もまた同じであったと聞く。

「子どもから大人に成長する過程の儀礼と、死者の霊が祖霊へと高められる家庭の儀礼が対応し、生と死は別世界であっても人の心情としては深いところで通じ合っている人生の通過儀礼と考えられた。

このような儀礼は、家や村の再生を期待し伝統的な儀礼として整えられてきたが、今なおその形は変化しているとはいえ、伝えられる儀礼として、人生の節々に姿をとどめているのが現状である」（矢板市教育委員会編『ふるさと矢板のあゆみ』より。以下『矢板のあ

ゆみ』とする）

ここでは、庶民が貧しいながらも誠実に日本古来の社会的な伝統文化を受け継ぎ、多少の変革を加えながらも人生の通過儀礼をかたくなに守り続けてきた、昭和前期のころの風習を記すことにした。

一、成人前の通過儀礼

江戸時代は、戦乱もなく比較的安定した時代が続き、庶民文化も発展したときであった。

そのころは出産、育児は家だけのものではなく村全体の共通理解も必要不可欠であった。それらの庶民文化は、現在、民主的な大きな社会変革の中にあっても、伝えられる文化として、また伝え残したい伝統行事として、人生の通過儀礼の中にその姿をとどめている。

「出産そのもの自体が危険なものであることは現在でも変わらない。乳幼児の死亡率が半分にもなっていた中世から近世の時代には、身ごもった時から村全体のこととして協力する連帯意識が全国的な傾向であった。現在でもその風習は、少なからず残っていて、集落の神・仏に無事安産を祈ったり、乳児といっしょに無事安産のお礼参りをするところもある。

また、お産、産湯、お七夜、雪隠《せっちん》参り、宮参り、食い初《ぞ》め、お部屋あき、初誕生日、初節句、七五三などの儀礼を通して、社会的な承認と生きる力を与えてもらうとして、赤飯や餅を村人と共に食べてもらい、神仏にお祈りしその力で病気などをのりこえ、新しい成長過程に進む儀礼をこなしていくのであった」（『矢板のあゆみ』より）

(1) お産

妊娠五カ月目の戌《いぬ》の日に腹帯《はらおび》をしめる。これは、お産が軽くあってほしいとの願いと、胎児が大きくなりすぎないようにする物理的な処置とを兼ねたものと言われる。

「昔、腹帯をしめるのは江戸時代に入ってからで、犬の日に定着したのはその頃で、犬はお産が軽く多産なのでそれにあやかり、それ以前はねずみで子《ね》の日に巻いたといわれる」（近藤珠實監修『家族で楽しむ歳時記・にほんの行事』より。以下『歳時記・にほんの行事』とする）。

妊娠の知らせを嫁の実家に連絡する。実家では、延《の》生《ぶ》の地蔵尊や寺山・大槻の観音様など安産の神仏にお参りしお守りをいただいたり、岩田帯などの安産の用意と産着《うぶぎ》やおむつなど出産の準備をする。

お産部屋は別室で、納戸のような薄暗い部屋が使われた。陣痛が始まると、村で経験豊富な取り上げ婆さんへ連絡し、産湯《うぶゆ》を沸《わ》かし新しい盥《たらい》を熱湯消毒し、出産を待つのであった。

現在は産院で出産するので医者まかせであるが、昭和三十年半ばごろまでは産婆さんのお世話になった人が多かった。

どちらにしても出産するまでは心配で、難産のときなどは家中が気が気でなく落ちつかなかった。主人は一応さりげなく装《よそお》っているが、内心は落ち着かずおろおろするのが多かった。

間もなく出産の大きな産声《うぶごえ》を聞くと、一家は安心感がみなぎり、家族一人が増えたことを実感するのであった。

産後一週間前後にへその緒《お》がはなれる。これを大事に半紙につつんで水引をかけ神棚に供える。七日たって、両親が保管したり、家によっては保管しておいて畳み上げての掃除のとき仏壇の近くの縁の下の土に埋める家もあった。

産後の母親の食事は、今どき考えられないほど極端に制限され、おかゆに焼き塩と決まっていた。せいぜいかつお節の入ったかんぴょうの味噌汁ぐらいで油物、赤みの魚、甘いものなどは禁じられていた。現在の産後の食事とは大違いであった。

名前は正式に命名するまではうぶ名をつけておいた。その名が一生近所の人の通用名となることもあった。家の長兄はうぶ名を「しげる」と呼んだので、生涯「しげちゃん、しげちゃん」と呼ぶ人が多く、私がその意味がわかったのは復員後数年たってからであった。

取り上げ婆さんは、産後は取り上げ親と呼びお七夜や初誕生日や盆暮れのつけ届けなどをして感謝を表した。

(2) お七夜・おびやあけ・地蔵参り

お七夜までには正式な命名をし、紙に書いて神棚に供える。長男や長女には親類や組内、知人から祝い物が届けられる。お七夜には、赤飯を炊いて祝い、産婆が赤子に産湯をかけ、洗米・酒・かつおぶし・野菜・塩・水に箸をそえて神棚に供える。産婆が抱いて雪隠（トイレ）の神、井戸の神、山の神（一般には漆の木の下）に順次参拝し、最後に横座の主人に抱いてもらう。式後は招待者一同祝宴をあげる。

出産二十一日目がおびやあけである。いわゆるお部屋あけのことで、岩田帯をとり、床上げをする。産婦が初めて風呂に入れる日で、産婆を呼んで内祝いをする。

二十四日は地蔵参りの日である。延生《のぶ》の子育地蔵尊か近所の地蔵さんにお参りして頭巾や腹掛けなどを供える。子どもたちや年寄りにお菓子やみかんがくばられる。

(3) 食い初め

出産児は、男子は百日、女子は百十日過ぎたとき、食《く》い初《ぞ》め行事をする。

尾頭付きの魚、赤飯、吸い物、皿にきれいに洗った丸い石、麻《あさ》がらの皮をむいた箸を作り膳を整える。当時は、多くの農家は自家用の麻を栽培していた。

母親が子どもを抱き、祖母などが赤子の口に食べさせるまねをしたりなめさせたりする。

歯を丈夫にするといって石をなめさせるという。生まれて初めての近親の共食儀礼といわれる。

終わると半紙に箸をつつみ、子どもの氏名と生年月日を書き、水引で神社の格子に結びつけ、おさい銭と五穀のおひねりを供える。

(4) 初節句

男子は五月五日、女子は三月三日を初めて迎えるときが初節句であり、かつてはいずれも旧暦であった。

男子の五月五日は御節句とも呼ばれ、親類や友人、知人、組内などは鯉のぼり、鐘馗《しょうき》さまや武者絵ののぼり旗をおくり、たかだかと鯉のぼりを泳がせ、のぼり旗をなびかせ、その子の出生を祝った。また武者人形を内かざりにする家もあった。

初節句の家は、かしわ餅を多く作り、お祝い品の返礼として送り届けた。かしわ餅はカシワの葉を蒸してこげ茶色にし、まんじゅうほどの大きさにのした餅へあんこをいれ、餅でたたみカシワでつつんだもので、おいしい食べ物のひとつであった。

かしわ餅は、子どもたちを考えてのことか、多くの農家で作られた。

子どもたちにとっては嬉しく楽しい一日であった。旧暦の五月は田植えの最中で多忙な時期だが、村あげての農休みの「こと日」であった。子どもたちも手伝いから解放される日であった。学校から帰ると自然に学年ごとのグループができ、かしわ餅の食べくらべなどして夕方遅くまで遊び、友とわかれたのであり、それらは一生の思い出の一つとなっている。

カシワの葉は、新しい芽が出ないと落葉しないことから、あとつぎができたという縁起にたとえたものといわれる。

さらに各家庭では、軒先のひさしなどにショウブとヨモギをあわせて五本さし、ショウブを束にして風呂へ入れ、無病息災を願って風呂に入った。

女子の初節句の三月三日は、旧暦であったので桃の花の咲くころになるので桃の節句ともいわれた。また、ひな祭りともいって内裏雛や官女などの雛人形を飾って、その子の出生を祝し幸福を祈った。甘酒や草餅を作りひな壇に供え、草餅を返礼とした。

雛飾りは、その日にかたづけないで次の日まで飾っておくと婚期が遅れるという言い伝えもあって、夕方ごろにはきれいにかたづけるものであった。お雛様は、女の子の七歳ごろから家によっては成人式をむかえるころまで、その子の成長を願って毎年飾りつけ気分を一新したものであった。

(5) 初誕生日

出生後満一年の日は初誕生日で、誕生餅といって、一升の餅を十二にまるめて重箱に入れて風呂敷につつみ、その子に背負わせる風習があった。

誕生日に、発育の良い子は、やっと一、二歩歩く程度であるが、餅を背負ってサッサと歩行するときは、あまり縁起がよすぎるので、ちょっと押して膝つくようにしたり、餅の数をふやしたりして一度ころぶようにする。

転んでから立ち上がり歩くと縁起が良いとして拍手して喜び合った。

(6) 七五三祝い

男の子は五歳、女の子は三歳と七歳に達する十一月十五日は七五三で、晴れ着を着てお宮参りをする。丈夫で育つように千歳あめを親戚などに配り返礼とする。

この祝いは、昔は少なかったようだが、近年はほとんどの家庭で行われるようになった。

(7) 十三参り

「数え年十三歳の男女が、四月十三日に虚空蔵菩薩《こくぞうぼさつ》を安置しているお寺に親子でお詣りする行事である。十三歳は、干支《えと》が一巡した節目の年であり、心身共に子どもから大人へと成長する大事な時期なので、菩薩から知恵と福徳をさずかり、立派な大人になれるよう祈願する。この行事は、およそ二百年前の江戸時代に、京都嵐山の法輪寺で行われたのが始まり」といわれる(『歳時記・にほんの行事』より)。

当地域では、茨城県の村松の虚空蔵様にお詣りして、学業成就を祈願する風習があった。福島県会津地方にある柳津の虚空蔵様にお詣りすることもあった。

私の十三参りの思い出は、初めてバスに乗って村松の虚空蔵様へ行ったことであった。仏の山の峠を越える頃バスに酔い、一人苦しみ窓外へ吐き出した。嫌なことで忘れられない。

二、大人の通過儀礼

現在は、少年期から大人の社会へ入る儀式は、かつての元服にちなんで、中学二年の立春の日などに行う立志式や、男女満二十歳で成人として法律で認められる成人式である。

立志式は、中学二年の年齢が自らの行動に自覚と責任ある行動を必要とする青年前期に入るので、立志、健康、自覚などを基本目標とした成長を願っての大切な行事になっている。

明治期から終戦前までは、男子は数え年二十一歳で徴兵検査があった。その時点で男子は大人扱いされた。

(1) 元服のなごり

元服は、一部の地域では伝統文化として守り続けているが、大半は消滅する傾向にある。

生まれた時から大人社会への通過儀礼は、太古の昔から行なわれていたが、「元服と呼ばれるようになったのは、奈良時代以後といわれる」（『矢板のあゆみ』より）。

少年と大人との区別は、生理的な成熟期を境とするが、このことを社会形式にしたのが元服であったようだ。

昔は貴族や武家社会で行われていた元服が、十六世紀の後半ごろから民間でも行なわれるようになったが、その方法・内容は簡単なものであったといわれる。「男子が数え年十五歳の年の節分ごろになると、『額《ひたい》直《なおし》』といって丸剃りであったものを角剃りにした。衣服は筒袖であったものを、八ツ口を縫《ぬ》ったりなどして、その子の成長を祝った」（『矢板のあゆみ』より）

市内に住む長老の話によれば、「豆まき」の日の十五歳になった大人祝は、内祝いであるが家族そろって楽しい一日だったという。

我が家でも長男が十五歳になった日は、子どもらにとっても、なんとなく楽しいものだった。昼過ぎから勝手場はいそがしくなる。おふくろやねえさんがささやかながら、我が家の野菜でいろいろなご馳走をつくる。

午後の三時ごろになると、注文しておいた魚屋さんが、頑丈な自転車に乗ってやってくる。大きな荷台には、その荷台以上の大きな箱が数段のっていて、箱の中には川魚や海の干魚などがきれいにならんでいる。

その川魚の中で小形の鯉を三匹買ったのを覚えている。その鯉一匹は、尾頭付きの鯉の焼き魚として、十五歳になった長男のお膳にもられ、あとの二匹は、鯉こくとして鍋ものを家族七人で突っつきあう、兄貴は鯉を一口食べて鍋に入れる。そのときの鍋ものの味はおいしかった。

このような風習は、昭和十年前後までは全国的であったが、昭和十二年の日中戦争開始や同十三年の国家総動員法の公布などにより、節約思想の先行の中でこれら家庭行事も次第にうすれ、激しくなる戦争の中で消滅していった。

(2) 徴兵物語

徴兵制度は、明治六年 徴兵令《ちょうへいれい》が布告《ふこく》されて以来、何回となく改正されて昭和二十年の終戦になるまでの約八十年の間、満二十歳の男子に課せられた兵役の義務であった。若者にとっては悲喜こもごもの思い出が残る年頃であった。一部高等教育を勉学中の学生は、昭和十八年頃から理工科以外の学生から徴兵猶予が撤廃され、その後全科目に拡大される。その後、満二十歳の徴兵年齢を満十九歳に引き下げられた。

① 兵隊検査

二十歳の若者をかかえる農家では、なんともいえない雰囲気がただよう。親父はもとよりおふくろも含め、家族全員がスッキリしない日が多くなる。若者の兵隊検査の日が近づいてくるからであった。検査の期日は軍隊入隊前の年の農事終了の十一月ごろであった。

「あんちゃん（長男）は、うかっちゃかな（合格すること）」

小学生高学年の三男坊の著者は、長男が兵隊に取られれば、明日からでも農業のきつい仕事が増えるのが分かりきっている。年上の姉はただ黙って勝手場を手伝っていた。しかし、内心は長男の検査が不合格になることを願うのはあたりまえだが、当時の世相では軍部の力増大で、大人あつかいされる姉は、口に出せる状態ではなかった。表面は誰もがお国のためであった。

検査場は、氏家、矢板、ときには宇都宮で実施されたようであった。その後、私は旧制中等学校なかばでの志願兵だが、宇都宮女子高で行われた。

② 甲種合格

検査は、全国共通で厳しい身体検査と簡潔な学科試験が課せられた。身体検査では身長、体重、胸囲などの順で進み、肺、痔ろう、脱腸などの持病の有無も厳しく検査された。

検査の結果は、合格者を甲種合格とし、以下乙、丙と分けられた。乙種および丙種合格は兵役の予備軍とされ、戦時体制下では、いつでも召集することができるように仕組まれていた。その結果は、役場の兵事係担当職員が検査を受けた家庭を回り報告された。

ある寒い夕方、役場の人が来た。私は、納屋でわら仕事を手伝っていた。「もしかしたら、合格だろう」。それは母屋の前で、おふくろと姉さんとが話し合っている顔色で、子どもながらも判断できたのであった。

「あんちゃん合格だって」

と姉の声。

「来年の正月二十一日、宇都宮へへいる（入る）手紙だ」

と、おふくろの声。来年とは昭和十二年の時であった。姉の声と同じように、なんとなくさみしさ切なさを感じたときであった。

宇都宮へ入るというのは、宇都宮陸軍歩兵第五十九連隊で、現在の国立宇都宮病院付近に兵舎があった。

当時は栃木、群馬、茨城を取り仕切る第十四師団司令部がその南側にあり、その歩兵連隊も司令部近接で上層部は張り切っており、兵卒は手も足も出ないほどしごかれるという風説は、一般人の知るところであった。

兄貴が合格通知を受けた。親父はその日のうちに組内と近い親戚へ合格したことを伝えに回る。そのころはほとんどの農家では自転車がなかった。

合格通知を受けた兄貴はどう変わったか。今でも鮮明に覚えている。普段と変わらないようだが、日がたつごとに態度に変化を感じた。隣人や友人との話でもきびきびしてきたようで、

「あのぅ、あんちゃん言葉がはきはきしてきたね」

と姉さんに話しかけたのを覚えている。

当時の若者は、小学校高等科を終えたものは、青年学校で、尋常高等小学校の併置校（中心校、尋常科六カ年。高等科二カ年）で、農閑期を利用して一般教養および軍事教練などが行なわれた。小学校の運動会には完全軍装に近い服装で射撃実地訓練を披露したもので、かなり軍国主義が濃厚になっていた。

当時、昭和十二年七月七日、北京《ぺきん》郊外の盧溝橋《ろこうきょう》付近で日本軍と中国軍とが衝突し、日中戦争が始まり、戦線は拡大の一途《いっと》をたどる時期であった。

そのような、時代の流れもあってのことか、兄貴も

だいぶ軍国調にならされていたようであった。仕方がない。日本全国が日ごと夜ごとに、軍国主義の絶頂をめざして突き進んでいたのであるから。

しかし、人間の涙は軍国主義とは無関係。おそらく、私の家でも来年早々、兄貴との別れのときがやってくる。それをただなんとなく抑えているだけで、陰では涙の生活であった。

あるとき、おふくろが味噌小屋からなかなか出てこない。しばらくすると手ぬぐいで顔を拭きながら出てくる姿を見た。おそらく一人しょんぼり泣きじゃくっての姿と感じた。兄貴は近所からはよく働くといわれた。私らからみると親孝行で兄弟思いの兄貴であった。

③ たちぶるまい

たちぶるまいは、家庭によって多少違っていたようだ。

私の家では、入隊一週間ぐらい前の吉日を選んで組内と親戚をよんでのたちぶるまいだが、子どもらは関係なく、お勝手仕事や走り使いに振り回される。

「どんな事があっても生きて帰ってこうや」

「死んで花見がさくものか」

「軍隊は要領を本分とすべし」

などなど軍国主義者が聞いたなら、聞き捨てならない言葉が連発される。しかし、今考えると宴会の中の言葉こそ、人間生きる条件の本音が無礼講の中にあったものと感じられる。

家族だけのたちぶるまいは、入隊前日の夕食時であった。

酒は少々にしてご馳走はふんばった。親父は、前もって仲のいい魚屋へ刺身や煮魚の食材などを注文し、おふくろは家の野菜をあつめ、姉は乾物屋へおふくろの注文を受けて走りまわる。入隊を明日に控えた兄貴は、衣装をととのえ一人で神社へお参りに行った。なにをお願いしたかは聞けなかった。

「少し早いが夕飯だよ」

と、姉が納屋によびに来た。私は納屋で、縄もじり機械で縄をもじった縄のよりをほぐす仕事をしていた。本来ならこの仕事は兄貴が上手に進める仕事だ。すぐに母屋へ戻り、作業衣を普段着に換えて、いつもの決められた箱膳の前にすわる。

親父は神棚と仏壇に冷酒を供え灯明をともし、なんかお願い事を言っているようだが聞き取れない。「しっかり勤めを果たして無事に帰ってくるように」とお願いしたものと思った。親父が膳につくと家族全部がそろった。

親父が兄貴に徳利を差し出す。兄貴は両手で盃をもち静かに親父の方へ向け酒が注がれる。今度は兄貴が徳利を親父の方へ向け親父の盃に酒が注がれる。

「さあ、今晩はあんちゃんが門出の祝いだ。ゆっくり食べながら話そう」

と盃を上げ呑みほした。兄貴はちょっとなめたようだが盃を置いた。

兄貴のお膳は見事なものだった。自小作の貧しい我が家だが、その晩の兄貴のお膳は想像もしたことのない鯛のお頭付きの一品から、煮魚、てんぷら、野菜の煮物などにぎやかだ。

「おれも大正の中ごろ、甲種合格で五十九連隊に入営したが、あの時は村で二人の合格者で誇らしかったが、戦争はなく一応平和だった」

「今は違う、この戦争は長く続くような気がする」

「軍隊生活で気がついたことは」

といって、ちょっとの間、口を閉ざした。

「上官には精いっぱい誠意をもって務めるんだな。経験の長い班長は、いっしょに生活していると一人ひとりの性格が手に取るように分かるものだ」

「仲間とは常に口を大切にして助け合うことだ」

口とは言葉のことであった。

「そうすることで天に通ずるところがあるだろう」

親父は、酒が回るとしゃべりが多くなってきたが、兄貴は真剣に聞き、自分なりに解釈し重く受けとめたとあとになって聞かされた。

親父は、肩章三ツ星の陸軍上等兵で、三年間の勤務を終えて除隊し、地域の消防団などの号令かけをやっていたのを学校帰りの私らは見たことがあった。

当時の陸軍の兵隊は肩章星一つの二等兵から始まり、星二つが一等兵で三ツ星は上等兵だが、なかなかなれない星だといわれた時代であった。中等学校以上の学歴で、希望によって幹部候補生となり将校や下士官と栄進する人たちもあったが、大部分は兵として戦場に散ったのも多かった。

④ 兄を送る日

「どうだ、夕べはあまり呑まなかったようだから、だいじょうぶだね」

おふくろが、長男の方を向いて挨拶がわりの言葉をかける。

「うん、だいじょうぶ、なんともないよ」

兄貴の声。

「少し時間もあるから、出発の用意ができたら、朝飯にしよう」

朝飯の座る場所は、いつもと同じであったが、今朝は兄貴の膳には、昨夜と同じ鯛の尾頭付きが一品多い。親父が神棚と仏壇に冷酒を供え、灯明をともして横座にすわる。みんなが箸を持って食べ始める。なんともいえない雰囲気だ。おふくろはなに用あってか席を立つ。いや用でなく、涙がこらえられずに出ていったのは後でわかった。

間もなく、組内の老若男女、地域の役職の方々が、農家の庭をうめつくす。朝一番の列車に乗る兄貴は、用意されたカーキ色の私服もきちんと着こなし、ガタガタと音を立てないと開かない玄関の戸を開け、多くの見送り人の前に立った。

「皆さんおはようございます。天気はよさそうです。今日、私は宇都宮陸軍歩兵第五十九連隊へ入隊いたします。朝早くからお見送りをいただきましてありがとうございます。入隊するからには誠心誠意努め、国のために命を捧げる覚悟であります」

このような言葉は、あとで分かったことだが、あちこちの出征兵士を送るたびに聞かされたもので、別に耳新しく感じない。おそらく農村青年学級で慣らされた言葉であるような気がする。

入営する兄貴を先頭に、のぼり旗や日の丸の小旗を持った地区の役職の方々、親戚の叔父、叔母、従兄弟など、さらに組内の老若男女があとに続く。あちこちの家から一人、二人と見送りに参加し、駅の広場へ着いたころは相当な人数になっていた。

区長さんの司会で、最後になるかも知れない兄貴のあいさつである。

「みなさん、おはようございます。朝早くから多くの皆さんのお見送りをいただくことに対しまして、私の胸は感激でいっぱいです。今日、私は宇都宮陸軍歩兵第五十九連隊へ入営します。帝国軍人となるからには、至誠無私、力の限りを尽くして国にむくいる覚悟であります。今まで無事に育ててくださり、一人前に仕上げていただいた郷土の皆様には心より深く深く感謝申し上げます。本当にありがとうございました。あとに残った親父、おふくろ、弟妹をよろしくお願いいたします。いつまでたってもなごりはつきません。挨拶を終わります」

このような型どおりの兄貴の挨拶の中で、家族のことを頼むときには、頭を下げてなかなか上げなかった。しばらくして上げると涙目であった。それよりも、見送り人の多くの人々が目がしらをうるませ、ハンカチで顔をおさえる人もいたという。

区長さんの大きな声で「ばんざい三唱」も終わり、汽車の来るまでの少しの休憩時間となる。

「あんちゃん一人でいくの？　父ちゃんか母ちゃん、だれかいっしょにいかないの」

おふくろに聞いた。おふくろは

「一人前の兵隊さんには付き添いはいらないんだよ」

といわれた。

やがて、轟音を立てて列車がホームに横付けとなり、兄貴といっしょに友達が数人乗り込んだのを見た。兄貴が列車に乗り座席にすわると、おふくろは窓の外からそこを動かないでいた。

蒸気機関車の運転手も、出征兵士を送る心得か、汽笛を長く余韻を残す操作であり、私もその汽笛を聞いて涙ぐんだのを覚えている。

おふくろは、列車が動き出すとホームいっぱいの見送り人をなりふりかまわずかきわけて、列車の動きに合わして窓から手を振る兄貴につきっきりで、ホームの端へ行くころは駆け足で追った。最後はホームの端で、ただ一人列車が見えなくなるまで手をふっていた。その日からおふくろによる兄貴への「かげぜん」が始まるのであった。

⑤ 入隊・面会

当時の軍務は、比較的おだやかで規律も正しく、堂々とした軍服姿は若者の憧れかも知れない。終戦時期のあのやせこけたみすぼらしく、軍靴もなく地下足袋姿の兵隊さんは想像できなかった。

祝日、日曜は完全休養で、外出、面会も比較的自由であった。

私ら弟妹も、おふくろや親父に誘われ、月に一～二回の面会に行った。

軍隊生活を半年過ぎたころは、兄貴も星二つの一等兵の肩章で面会することになった。

「おお、あんちゃんもよくやっているね。一選抜《いっせんばつ》で昇格したか。なかなかなれるものじゃない。よかった、よかった」

親父は繰り返し独り言のようにしゃべっていた。一選抜は、軍隊生活半年後の成績で昇格が決められることだと分かったのは、ずっと後のことで、私が軍隊へ入り半年後の厳しい一期の内務検閲《ないむけんえつ》をうけたことで分かった。しかし、このころは、よほどでない限り、ほとんどの兵隊さんは昇格したのではないかと思った。

「しげちゃん（兄貴）は丈夫でまじめだから、早いんだ。うんうん」

いっしょに面会に来てくれた、組内の年寄りがぼそぼそといっていた。

入隊後の面会

⑥ 第五十九連隊戦地へ

そのうち、夏が過ぎ秋が終わり、冬を迎える十月半ば、親父、おふくろが落ち着かない。

十月十日ごろ、おふくろが、

「いよいよ、あんちゃんも戦場へ行くんだという連絡があったんだよ」

私は無言で答えたのを覚えている。一人で納屋の後ろのほうへ行き、

「あんちゃん、どんな事があっても死なないで帰って来てね」

と、きれいな夕日を拝みながら一人つぶやくのだった。

いよいよ戦地への出発の日がやってきた。確か十月二十日と覚えている。

宇都宮歩兵第五十九連隊三千人の兵士が、坂西部隊長を先頭にラッパ手の進軍行進曲に合わせ、思い出多い兵舎をあとにした。現在の国本町から宇都宮駅までの兵士の行進は、威風堂々であった。見ていても血わき肉踊る感じであった。宣伝効果も満点であったと今に思う。

「こんなかにしげちゃん（長男の幼児名）がいるんだ。駅へ着くまでにはなんとしても探さなくてはならね、みんなで探そう。駅では北側の家の角で会おう」

と、面会に来ていた兄貴の友達の中年の武ちゃんが大声で怒鳴り、暗がりの道路を兵隊さんの進む方向へ走っていった。

とにかく、見とれている時ではない、三千人の同じような服装をしている兵隊さんの中から、一人を探すのは容易でないことは子どもにも分かりきっていた。正直なところ、私は「だめだ」とあきらめかけて、おふくろのそばを離れないことに夢中であった。

当時の出征兵士をおくることは、なかば公開で、先頭の部隊が駅に着くと、大音響の花火が何発か夜空をふるわせ、兵士の心をどのようにゆさぶったことか。見送る人々はどのように受け止めたか。私はただ何となく腹だたしい感じで花火を眺めたことを覚えている。夜半に近い午後十時半を過ぎたころで、空腹感がそうさせたのかも知れない。

兵士の服装は、真新しいカーキ色の軍服で統一され、戦闘帽、軍靴にゲートルをきちんとまき、一分《いちぶ》のすきも見せない眼光が鋭くうつった。背には角型の大きな背嚢に飯ごう、鉄かぶとがしっかりと結びつけられていた。鉄砲と銃剣は錆び防止のためか、さらしの布できりりと巻かれていた。

先頭が駅に着き、花火が上がったころ、武ちゃんが、まだ行進が続いている兵士の列から兄貴の姿を田川の橋の上あたりで見つけ、もう一人の友達が息せき切って私らのたまり場に駆け寄ってきた。

「おうーい、しげちゃんを見つけたぞ。武ちゃんが、しげちゃんの列といっしょに歩いてくるから、ここでみんなで待っていよう」

「よかった、よかった。ほんとにありがとうございます」

おふくろは何回もお礼の言葉をいっていたようだ。

兵士の行進も終わり、西側駅前広場は、兵士と見送り人であふれるばかりの人波となっていた。

兵士らが「大休止」の号令のもとに休憩時間となった。武ちゃんのおかげで、兄貴は迷うことなく真っ直ぐに、私たち六名の見送り人と会うことができた。あのとき、武ちゃんがなりふりかまわず、兄貴を探し当ててくれたことは、忘れることができない。そのせいか武ちゃんの子や孫との付き合いを今でも続けている。

さて、兄貴との対面は四十五分に制限されている。

「自分の体は、自分で守ることだね。人を頼らず胃袋をでいじにしな」

「戦場では、鉄砲玉の飛んでこねいところを探して進むことだよ」

この言葉に、兄貴は笑いながらも目を光らせていた。兄貴より二つ上の友達は、良いことをいってくれたと思った。

「なかまは、いいやつばかりだ。ほんとの戦友ってことで力を合わせてやっていくよ」

「分隊長もいい人で、信念が強く口かずは少ないが、熟慮型で面倒みもいいひとだ。心配することはなにもない」

その話を聞いて友達二人は安心したのか、私らが水入らずの話をするよう、気をきかして近くを歩き回っていた。兄貴が入営当時、おふくろと私で、兄貴の班長さんに面会したことがあったが、兄貴がいったとおり、ふくよかな顔で円満な人格の持ち主であり、今でも思い出す人物である。

「あんちゃん、手紙出してね。体、気をつけてがんばってね」

というのが精いっぱいで、話そうとすれば涙が出る。会話などできる状態ではなかった。

「おれっ、ちょっとそこらへ行って来ていいね」

と、親父に耳うちする。

「遠くへゆくんでねいぞ。まぐれたら見つけるのたいへんだから」

兄貴も、親父やおふくろといろいろ話もあるだろうと思ったが、後でおふくろにそのときの様子を聞くと、「なんか胸がいっぱいで、話をしようとすると涙が先でできなかったのだ」

という。私らだけのことではない。あの時、駅前広場を埋めつくした兵隊と見送り人とは、だれもが同じ境地に置かれていたのだろうか。

私は親父らからあまり離れないところを歩き回った。鉄砲、機関銃などが整然と組み建てられ、周りを歩哨の兵隊さんが巡回している外側のそばまで行って眺めた。恐ろしいほどの鉄砲の数に驚き、身ぶるいして急いで親もとへ戻った。

午後十一時ごろだったか、「大休止止め」の大声の号令がかかり、同時に集合ラッパか知らないが、夜半の空になりひびく。そのときほどさびしく切ないというか、なんともいえない気持がいっぱいだった。

整列を完了した五十九連隊の兵士は、中隊ごとに駅構内に入り列車へ乗り込んだ。見送り人は駅のホームには入れず、列車が動き出すと同時に大量の花火が打ち上げられた。送られる者、送る者の心にどう響いたものか。私は「あんちゃん、元気でね、死なないで帰ってきてね」と、自然に両手が胸のあたりで組み合っていた。

その後十四～五日過ぎて、各新聞に「日軍百万杭州湾上陸」と宣伝効果をねらっての記事が載った。現在の正史年表にも「昭和十二年十一月五日、日本軍、杭州湾上陸、駐華独大使中国に対し和平工作開始……」との記録もあり、全国的な規模で軍事動員令が出され、兄貴もその一員として組み込まれたようであった。

⑦ 終戦・復員

当時、支那事変といった日中戦争は不拡大方針もあったようだが、結局は各種の事情があってのことか、泥沼戦争といわれ収拾のつかない長期戦となり、国民の生活も次第に切り詰められることとなる。

ことに資源不足の日本は鉄瓶、蚊帳のとっての真ちゅう金属までも強制収納される状況下になり、一人ひとりが疲れ始めたころ、昭和十六年十二月八日の朝、ラジオが突如日本海軍のハワイ真珠湾奇襲攻撃の大成功を報道し、あちこちの戦線で大戦果を果たしたことを矢つぎばやに発表し、国民の戦意高揚を放送した。

しかし、やがて米、英を主体とする連合国は、戦線を整え反撃に転じ、さらにアメリカ空軍の日本本土空襲は人道的配慮を無視したかのように、都市を焼きつくし、艦艇による沿岸艦砲射撃は、地獄絵そのものであったと聞く。

日本国民がどん底の生活をしいられながらも、なお本土決戦即応体制強化のもと全軍特攻化の戦争指導体制が強行された。民間では竹やりと消火のためのバケツリレーの訓練が毎日実施されるありさまは、近代兵器を駆使し、高度文明の生活を営む米、英国人にとってはどのように映っただろう。

昭和二十年八月六日と九日、広島、長崎への原爆投下によって、一瞬にして灰塵となったのがきっかけとなり、同月十四日ポツダム宣言受諾、同十五日天皇の無条件降伏の玉音放送があった。暗かった日本に一縷《いちる》の望みが見えてきた。やがて日本人の勤勉さにより世界第二の経済大国となり、物質文明の世となり現在にいたっている。

兄貴は、戦場で一年ほど過ぎたころ、右ほほに銃弾のかすり傷を受け、治療するも間もなく戦線にかりだされ、満六年の戦場生活から除隊命令が出され、終戦の二年前に帰郷した。その後、結婚したが、一年余で新婚生活の夢ははかなく破れ、召集令状をうけ軍務に服することになる。南方戦線へ行く予定が、当時の状況は険悪《けんあく》で船を送りだす状況ではなかった。新潟周辺での勤務で終戦になり帰郷し、九十歳を迎えて大往生していった。

(3) 婚姻儀礼

終戦によって、アメリカ民主主義が、大旋風となって日本へ押し寄せた。

「民主主義ってなんだや。今までのことは全部悪いこっちゃぁていうことかい」

「おれもしらね、けんど、民主主義ていうのは悪いこっちゃねいんじゃないかね。そのうちわかるだろうよ」

こんな会話は、おそらく国中で交わされたことで、民主主義のありかたがなんとか分かってきたのは戦後十年後の昭和三十年代からだろう。

したがって、戦後間もなく制定された現在の憲法は、「婚姻は男女の合意によってのみ成立する」と明記し、さらに民法では男女の結婚年齢を「男性は満十八歳以上、女性は満十六歳以上」と決めている。このような法律が施行されたころは、異様な状態で会話が交わされた。

「なんだって、十六ぐれいで嫁っこになれるって、馬鹿もほどほどにしろ。飯も食いねい（生活費がとぼしい状態）ような奴《やつ》がどうやって生きるだや」

「おかしな法律を作るもんだなや」

「むすめ十九は番茶もでばな、嫁っこはやっぱり二十《はたち》すぎなくちゃ、農事はつとまるもんじゃねいや」

当時は嫁を迎える方としては、労働力の一翼と考える風潮は昔からの慣習のひとつでもあったようだ。

終戦により、アメリカ指導の法律・規則が日夜を問わず上陸するころ、日本の民衆は淡々《たんたん》として受け入れながらも、それらの選択には無表情なそぶりを見せつけているような感じだった。しかし、結婚の儀礼も少しずつ変わり始めた。

ここでは、昭和十年前後の結婚式にかかわる要件について、聞き取りや見聞きした古老の話、さらに『矢板のあゆみ』を参考に記したい。

①見合い

現在は恋愛結婚が多数を占めるが、昭和三十年頃までは大半が見合い結婚であり、多くは双方の親の意見によって決められることが多かった。その当事者同士はもちろんのこと、両家を取り持って結婚へ導く役目をするのが仲人《なこうど》と呼ばれる人であった。

「たっちゃんは、今日も見合いにたち合うんだって、たっちゃんはいい人だからな」

「ほだ、ほだ。あの人は人柄がいいんだんべね」

「年も仲人にむく年頃だよ。村のためにも一生懸命やってもらいたいもんだね」

「おれんちも、年頃のむすめがいるから、嫁の口探しでもしてもらうよう頼んでみっぺ」

こんな会話は、野良帰りのたまり場でのありふれた光景であった。たしかに当時の村々にはたまり場があった。そこは誰でも入りやすい雰囲気を持つ家族がいて、年中、人の出入りの多い場所でもあった。

さらに、仲人の人柄については、会話にもあるようにだれもが善人（?）と認めあえる人が、仲人歴は長く続くようだ。

見合いは、結婚の大切な行事であった。仲人に連れられた男性が女性の家を訪れる。

女性は晴れ着をつけ化粧をして、お茶を出しに来る。それだけの短時間なので、双方とも顔さえ見られないままに、自分の気持ちを決めなければならなかった、そのような状況のもとであっても、大部分の男女が見合いの回数の多少はあっても、結婚が成立し、未婚の若者はほとんど見当たらないというのが、古老の話であった。

「当時は、結婚しなければ一人前あつかいされなかった時代であり、若者にとって結婚は人生最大の命題であった」

と、古老は語気を強めて語る。その裏には何を言いたいものかおおよその察しはつくであろう。

この見合い結婚も、昭和三十年後半ごろより減少傾向となってきた。

現在でも、見合い結婚の成立した話は聞くが、その方法はだいぶ変わってきている。仲人が嫁方の話を聞き、婿方の家へいって嫁方の様子を話し、両家が見合いを了承し見合いの日取りや場所を告げる。仲人は席をはずして、二人だけの話し合う機会をもつことができたり、ドライブに行くとか、交際の時間を設けたりして、双方の納得のいく結婚が成立するのである。さらに、憲法の規定にもあるように、仲人の関与しない「両者の合意のもとに結婚が成立」し、子どもさんをはさんで結婚式をあげたいが、仲人が必要とのことで仲人が入って披露宴を進めることもある。最近では、式も披露宴も行わず結婚届を提出して結婚の成立を謳歌《おうか》する例もあるようだ。

しかし、結婚は人生の中で大事な儀礼の一つであることはまちがいない。

② 樽入れ

当時（昭和三十年代後半頃まで）の見合い結婚は、仲人は双方から出すのが多く、見合いの結果が良いと、吉日を選んで、樽入れ（口がため）を行った。
「二人の仲人が樽に酒一升を入れて嫁方の家へ行く。嫁方の仲人は嫁の家で待っている。
嫁方にお祝いをのべ、樽の酒半分を冷酒のまま、雄の蝶のおりがみを徳利の口に結んだ雄蝶と同じく雌蝶の徳利に酒をそそぎいれ、朱塗りの三つ組みの木盃《もくはい》（木製の盃《さかずき》）で、両親と当人に呑んでもらい結納の日取りや結婚の日時を決める」（矢板市史編集委員会編『矢板市史』より）
酒は嫁方で五合たして一升として、両方の仲人がそろって婿方を訪れ、日取りやその他のことを話し、嫁方と同じように冷酒を両親と当人が共に飲んで結婚の合意を表明する。双方の酒をたして一升にするのは一緒になるという縁起からのことである。

③結　納

結納《ゆいのう》は結婚式の十日ぐらい前に結納金や結納の品々を仲人二人で届けるのが一般的である。結納の品は目録と突き合わせをして確実に納め届けることが仲人の責務である。結納金は半分をお返しするのがしきたりであった。御帯料（金銭）などは話し合いでお返しなしが多かったようだ。

結納の歴史は古く、現在でも皇室の結納の儀礼は「納采《のうさい》の儀」として進められている。

④広がるうわさ

仲人が結婚式の日取りを決めるころには、「だれちゃんが結婚するんだって」の話はうわさとなり、なぜか集落全体に短い時間で広まる。

「○○ちゃんの嫁さんになる人知ってる？」

「うん、聞いた話だがよ、隣村の大きな農家の○○さんちの娘さんだそうだ」

「へえ、よく来てくれるもんだね、ていしたもんだなや」

「なんでも、嫁さんの家では婿さんの人柄に惚れ込んだって話だよ」

「いまどきにしちゃあ、たいした考えもった家だね」

（昭和十二年実話集より）

このような会話は、昭和三十年代前半までは、秋から冬にかけて見合い結婚が多く成立する時期によく聞かされた言葉であった。そして、このような会話は決して嫌味のあるものでなく、むしろ、会話の中に温かみのある雰囲気が流れていることを思い出す。

⑤日取り決め

「婚礼の日時は、一般的には大安・友引を吉日とし、仏滅の日は最悪の日として忌み嫌われた。また十干十二支では、酉《とり》の日や戌《いぬ》の日などを最良とし、申《さる》は去るに通じる、虎は千里行って千里戻るなどといわれ不吉な日とされ、一生に一度のことなので幸多かれと祈り祝福するためにも、なるべく吉日を選ぶようにした」(『矢板市史』より)

最近は式場の都合もあり日取りにあまりこだわらないようである。

⑥嫁迎え

昔の嫁迎えは徒歩か馬だが、大正ごろから人力車、昭和になると車を使用した。しかし、商業用車が多く使用されるようになるのは、戦後もだいぶ過ぎた昭和三十年代後半からであった。

家の中での婚礼の儀式は、華燭《かしょく》の典といわれ、その言葉のとおり夜になるのが恒例であった。婿方では、時間を見計らって車で花嫁を迎えにいく。車は家によっては二〜三台も用意する家もあった。

この場合、花婿と仲人・正客合わせて三〜五人ぐらいとされ、四人という数は嫌われ、すべて七・五・三の奇数がおめでたい数として喜ばれた。

嫁方の家へは、婿方の仲人が親にかわって結納品を持参する。花嫁は顔を見せず、組内の気のきいたお相《しょう》伴人《ばんにん》が、花嫁方の仲人といっしょになって、双方の正客の話のとりもちや、婿や正客と嫁の両親・兄弟・姉妹・親類らの引き合わせが行われる。

こうして花嫁は化粧などが終わると、仏壇に向かい先祖に別れのあいさつをし、父母や兄弟・姉妹・近親にあいさつをし、仲人・正客に連れられて出発となるのであった。

⑦花嫁行列

昭和初期、隣の字《あざ》から歩いて来る花嫁行列を思い出した。婚礼儀式は冬に多い。隣の集落から徒歩で来る花嫁行列はすばらしいの一言であった。

行列は、弓はり提灯を先頭に、双方の仲人、花婿その横に花嫁、その後ろに正客が続く。花婿は家紋の入った羽織、袴で白足袋、化粧草履できりりと引き締めていたようだ。

花嫁は、花嫁衣裳を着けた上へおかいどり（うちかけ）を着せかけてもらい、文金島田の髪の上に角かくしをかぶり（当時もわたぼうしをかぶる風習もあり）下うつむいて静かに歩いた。

その後をちょっと間をおいて、たんす、ながもち、はりてばこ、鏡台など、花嫁道具、衣装をすべて当日、近所の人や手伝い人などがそろいのはっぴ（当時かんばんともよぶ）などを着て、「木やり」「ながもちうた」などを歌って運んだので、よけい長い行列になった。また花嫁行列は、どんなに明るくても弓はり提灯に火を入れ、これを先頭にして進んだ。

⑧ 花嫁到着

「花嫁行列が到着すると、婿方では門口まで出迎え（あるいは玄関口まで）提灯のやり取りが行われる。

これは双方の仲人が、花嫁の前で提灯を右から左へ三回やり取りするもので、仲人が直接やらずに十歳ぐらいの子どもたちが、提灯の取り交わしをする例も多かった。この儀式は乗り物が自動車の時代になっても

弓はり提灯を先頭にした花嫁行列

行われた」（『矢板市史』より）

この式は、花嫁が見合いの時に出た本人であることを、たしかめるための儀式であるといわれた。現在のように恋愛結婚の多いときには考えられないことであるが、昔は仲人の口八丁といわれ、信用できない点も少なくなかった名残りであったようだ（『矢板市史』より）。

その式のあと、ところや家によっては、花嫁を勝手口から家へ入れるとか、決して上望みはしないようにという意味合いで傘をかざして入る風習などもあった。

花嫁は出入り口に近い部屋へ入り、桜花塩漬けや九重、あられなどがお茶と出され、さらに落着き餅が出され一休みとなる。

⑨ 結納返し

結納の交換は、樽いれの当日に多く行われたが、結婚式当日進められる場合もあった。そのときは祝言の儀式の前に仲人と親の間で行われた。

これは、奉書に目録が書いてあり、「ながのし・御袴料（嫁方へ送る場合は御帯地料）寿留女《するめ》・鰹節《かつおぶし》（勝男）・酒樽（家内喜多留《かないきたる》）・昆布（よろこぶ）・末広」など縁起のよい品を、縁起のよい数七つそろえて、一式箱に入れ風呂敷につつんで大切に預かってきたものを婿方の親へわたすのである。酒樽の酒は、三三九度の盃の際に使う酒が入っており、仲人役としては結納の品と同じく大切にとりあつかった。

⑩ 結婚の儀式

婿方の家に着き、別室で衣装をととのえた花嫁は、白むく姿で奥座敷に案内され、一畳の畳に花嫁・花婿がすわる。仲人の指図でお酌の男女の子が、雄蝶、雌蝶のついた徳利の冷酒を、三つ重ねの盃で、夫婦がための盃を小から中、大へと各三回ずつ九回行った。

花嫁には男の子、花婿には女の子が仲人の静かな指示でお酌をする。花嫁は盃に口をつけるだけで、酒を全部のみほさなくてもよかった。

こうして、「九回目の終わりのとき、仲人はもっている末広で飲もうとする前に盃を軽くたたいて、三三九度の納めの盃はそのまま台の上に置かれる。このことは『満つれば欠ける』ということわざがあり、あまりにも調子よく、ととのい過ぎ、よいことずくめではかえって縁起がよくない、といういましめの心をふくめた慣習の一つであったのだろう」(『矢板市史』より)。

このとき、仲人は謡《うたい》をうたう。仲人がうたえないときは「かげうたい」といって、襖《ふすま》のかげで歌の上手な人が頼まれて「長き命をくみてしる」とか「四海波静かにて」など、めでたい地謡の一節を朗々《ろうろう》とうたった。

⑪ 披露宴

三三九度の盃がおわると、別座敷かその座を改め、花嫁を中心に双方の正客、仲人がすわって、お相伴のさしずでかんのついた酒で祝宴が開かれる。

この間に両親、祖父母、兄弟姉妹、近親という順にこの座にすわり、花嫁・正客にはお相伴人によって紹介される一般的な風習であった。

一方、ふすまや障子をぬいた大広間には、親類、知人、組内の人々が祝宴を張り、「お色直し」といっておめしがえをした花嫁が、宴会の席に出てお酌をしてまわることもあった。

結婚式の儀式がすめば、あとは無礼講で飲めやうたえの大さわぎであった。それでも「死」とか「帰る」という言葉は縁起が悪いということで、かたく禁じられた習慣があり、もしも知ってか知らずか不用意に、そのような言葉が出たときは非常識者としてあとあとまでもそしりを受けることになる。

こうして披露宴はたいてい夜半から明け方近くまで続くこともあり、交際の広い豪家などは、一回には招待しきれず、何回にも分けて三日も披露宴が続くということもあった。

昔は、披露宴が自宅であるから、長時間続く場合が多かったが、嫁方の仲人や正客は適当な時間で宴を切り上げて帰らなければならず、千秋楽といって一升入りの大杯《たいはい》に酒をなみなみとそそぎ、これをお相伴人が呑み納めてお開きになるのが通例であった。

嫁方の正客、仲人が帰るとき、花嫁・花婿はいっしょに門口まで送るのが礼儀となっていた。

「昭和三十年代ごろまでは、比較的年若いカップル誕生が多く、仲人や正客が帰ると泣き出してしまうこともあったので、このような場合、花嫁の叔母などが『落ち着き婆さん』となって、なにくれとなく世話をする

役目を持った場合もあった」(『矢板市史』より)

ところで、当時の結婚式の「しきでもの」は、子どもらにとって楽しく嬉しいものであった。松、竹、梅や鶴、亀の模様をきれいにえがいた、ピンク模様の大きな風呂敷に三段重ねとか五段重ねのおいしい食べ物がぎっしりと詰まっていた。下の段には松、竹、梅の模様のついた大きな流し羊羹《ようかん》、次の段はカステラ、三段目は大きな鯛をかたどる和菓子が一般的な「引き出しもの」で、五段重ねとなると昆布やするめなど家によって工夫されたものが包まれていた。

これら引き出しものの配分には、子どもらが多い時代、その分け方にはだれでも気を使ったものだ。

我が家では、兄弟姉妹六人だが、いつも長兄が両親の分を入れて、上手に分け合っていたような思い出がある。今思うと兄貴が上手に分けたのは、当時武人で有名な乃木陸軍大将が県北に生活していたが、そのエピソードによるところ大いにあったと思われる。それは乃木さんには二人の子がいたが、物を分けるとき同じ半分でなく、兄の方はやや多めに分ける。そのわけは、兄が弟を本気で守っているのだから、兄は少し多めに与えるのだという乃木家の気風があったようで、それでも兄貴はなるべく平等に分けたのは、そのエピソードを知っていての素振りであったのかも知れない。

⑫ 近所めぐりと婚姻届け

婚礼の次の日、近所のご婦人の案内で花嫁は鎮守さまのお詣りをすまし、組内の家へ顔を出し、その家の人たちと初めてのあいさつをしてまわるのが礼儀であった。

当家の親父さんは、家族が一人ふえたことに満足し、自転車のペダルふみも軽やかに、村役場へせがれ夫婦の婚姻届の提出に急ぐのであった。

⑬ 新婚旅行

現在は、新婚旅行は常識とされているようであるが、終戦以前は、日中戦争や国家総動員法の施行、太平洋戦争へと突き進んでいった日本は、「ぜいたくは敵」の風潮が浸透し国民生活も極度に貧弱な状態となっていた。したがって、農村の生活も今までのしきたりも守れず、お金のかかることは極度に押さえ、伝統文化の結婚式も地に落ちてしまった。

戦後の混乱は目をおおうもので、全国民が未経験の激しいインフレーションが日本をおそい、戦後十年を経過したころから多少生活に余裕が見えてきた。私を含めて鬼怒川温泉などへ新婚旅行に出かけるようになったのは、戦後の昭和三十年ごろからであった。

(4) 厄年・隠居・年祝い

①厄 年

厄年《やくどし》は、数え年の年齢で、男は二十五、四十二、女は十九、三十三が厄年で、その前後が前厄、後厄といわれ、現在は満年齢で、その厄払いには神社、仏閣をお詣りする人が多い。

これは、「この年齢が『重苦、さんざん、死に』などに通じ、縁起が悪いところからきた迷信が主であるが、生活面でも変わるときであるので、注意が必要な年齢だともいわれる。災厄をのがれるために、正月十四日の厄落としを村の鎮守さま（輪くぐり）でやるほか、厄落としの社寺詣りが行われた」（『矢板市史』より）。

「うしろの美代ちゃんは、近いうちに茨城県村松の虚空蔵さまにお詣りに行くんだって」

「そうだな、みや子も十三になる。村松の虚空蔵さまか会津の虚空蔵さまか、どちらかへお詣りしたのがいいよ」

これは、つい最近の我が家の会話であった。平成二十五年四月三日の朝だった。

戦前の厄落としは、鎮守さまでやるときは餅がまかれ、それを拾った人は家へ持ち帰り家族みんなで分け合って神妙に食べたものであった。昭和も十年ごろは餅に変わってみかんがまかれるようになった。

厄落としの社寺詣りをした家では、お札《ふだ》と土産品を求めて近い親類や隣近所へくばるということで、他人のために散財をすることによって、自分も災害からのがれようとする風習であった。

終戦直後、完全に消滅したかのように見えた厄落としだが、その後、多くの家々でささやかに行われていることを知った。心身の無事息災を願っての寺社参りは、やはり伝統文化の一つとみられる。

②隠　居

「昭和三十年ごろまでは、あととり息子が嫁をむかえ孫も生まれ、その孫が大きくなり嫁婿になるころには、たいていの農家は、財産などを息子らに明け渡し、老夫婦は隠居といって屋敷の一部に造られた隠居宅、あるいは家の一部屋を仕切って老夫婦だけで隠居生活をすることが通例となっていた」(『矢板市史』より)

隠居年齢は、普通六十歳ぐらいが多かったようだが、六十前でも若隠居することもあった。

一家を治めることは息子夫婦に移り、食事も別料理であった。風呂は本宅と一緒に使う家もあったが、多くは隠居宅に風呂釜を持っていた。

「おかえり。お彼岸のだんごを作ったから裏さ(へ)まわりな。あまい団子でおいしいよ。武ちゃんも一緒にきな、いいね」

小生のばあちゃんは、じいちゃんに早く逝《ゆ》かれ独り身の隠居生活がさびしかったのか、小学校の帰り道、家の前を流れる川にかかる橋のらんかんに腰をおろして、にこにこ顔で待っている。その笑顔は今でも思い出の一つである。

「おばあちゃんは、笑っていて起きてこないよ」

孫に当たる長男が急ぎ足で見にいく。

「たいへんだ、たいへんだぞ。おばあちゃんが亡くなったようだ」

常に笑顔をもっていたおばあちゃん。多くの孫たちにしたわれ愛されたばあちゃんも九十四歳の長寿を眠るように全うし、戦中さなかに大往生を遂げていった。

③年祝い

年祝いは、長い人世の中で「一定の年齢に達したことを祝うもので、『賀寿《がじゅ》』ともいい、中国から伝わった風習といわれる。昔は元服、婚礼、賀寿を三大祝儀とよび、奈良時代にすでに貴族の間に『算賀《さんが》の儀礼』として四十歳を祝う『初老の賀』があった。これは『五八の賀』とも呼ばれ、その後十年ごとに年祝いがもたれた。中世には六十歳の還暦、七十七歳の喜寿、八十八歳の米寿の祝いが登場し、江戸時代から一般庶民の間でも祝うようになった。昔は数え年で祝ったが、現在では満年齢で祝う人が多くなった」(『歳時記・にほんの行事』より）。ここでは長寿の祝いの呼び名に応じて記した。

還暦《かんれき》の祝い

人が生まれて六十歳になると、ちょうど十干十二支がひとまわりする。はじめて自分の生まれ年が六十年ぶりに一回転して干支があうことになる。たとえば甲《きのえ》子《ね》生まれの人なら六十年過ぎて甲子の年回りとなるので、回ってもとの歳になるいわゆる還暦ということになる。

還暦に達した人は、家族だけの内祝いが多く、赤い頭巾《ずきん》やちゃんちゃんこなどを贈ったり、なかには兄弟姉妹が温泉街へ出かけて内々の祝いをする家族もある。

古稀《こき》の祝い

中国唐の時代の詩人杜甫《とほ》の「人世七十古来稀なり」の節にかかわったもので、寿命の短い時代の名残と言われる。七十歳・古稀の祝いは、陰陽五行説によって紫が基本色とされ、紫の座布団を贈るならわしが出来上がったといわれる（『歳時記・にほんの行事』より）。

喜寿《きじゅ》の祝い

七十七をくっつけて書くと喜の字になるので、喜寿の祝いとする慣習が全国的となる。

当地では、この年齢に達した人に、細竹の節に穴を開けて、火吹竹を作ってもらうと長寿にあやかることができるといった。もらった親類などでは喜んでお祝

家族で還暦を祝う

いとして、お金をつつんで出すという長寿祝いも行われた。一般的には喜寿の祝いは家族だけの内祝いが多い。

傘寿《さんじゅ》の祝い

傘の字を略して仐と書くので、八十歳を命名し家族のみの内祝いが行われる。

米寿《べいじゅ》の祝い

八十八と書いて、合わせると米の字になるので、八十八歳を米寿という。米は日本人にとって大切なものであり、米寿を盛大に祝った。

昔は米寿になると、「はちぼく祝い」といって、村中(いまの小字)の人々がその家に集まり、餅をついてだれでもかまわずご馳走する。若い者は、長寿にあやかりたいということで、気勢をあげて杵《きね》を合わせ、つきたての餅を預かり村中をまわるという楽しい行事も行われたという(『矢板市史』より)。

長寿者は、黄色大頭巾と黄色のチャンチャンコを着て上座に座り、親族や知人からのお祝いを受け、宴会も祝い歌や笑い声が楽しい雰囲気をもりあげる。

その後の年祝い

卒寿=九十歳を祝う。卒の字を略して卆と書くことからという。

白寿=九十九歳を祝う。百から一を取ると白になるからという。

百賀《ひゃくが》=百歳を祝うという。大辞典の広辞苑(昭和三十年発行)の中にこの言葉は見当たらない。当時、百歳は意中の外にあって、全く考えられなかった年齢で載せられなかったのか。現在の超高齢化現象は、年を追うごとに百歳人口が増加傾向となる。

(5) 葬送の儀礼

現在の葬送の儀礼は、葬儀社の方々が哀悼の心を胸に抱き、実に懇切丁寧に執り行われるのが多い。

かつての葬送の儀礼は、隣組が主体であった。組内の人々が心を込めて亡くなられた方への冥福を祈り、遺族には哀悼の意をもち、できるかぎりの労苦を惜しまず、お手伝いする習わしがあった。その習わしは全国的な風潮であり、その風潮のおおもとは五人組制度から醸《かも》し出された想定外の産物と考えられる。

「五人組とは江戸幕府が、村々の百姓、町・村の地主・家主に命じてつくらせた隣保組織で、近隣の五戸を一組とし、火災・盗難・浮浪人・キリシタン宗派の取り締まり、また婚姻・相続・出願・貸借《たいしゃく》などの立ち会いと連印の義務、および納税・犯罪の連帯責任をもたせた」(『広辞苑』より)。この組織は、庶民にとって重圧な制度であった。

しかし、庶民はきびしい五人組制度の中にあっても、マイナスの考えをプラスの思考に転化し、生活支援の隣組が村のきずなを太くする要因となったものと考えられる。

さて、ここで古老の人たちに葬式話《そうしきばなし》を聞いたところ、「葬送の儀礼は、神式、仏式、キリスト教など家によって異なる。さらに宗派によっても儀式のしきたりに多少の違いがある」という。そのようなことから考えて、ここでは、葬送の儀式の具体的な内容にはふみこまないこととし、記載を止《とど》めることにした。

第二章　農村の年中行事

昭和二十年後半にかけて、新暦正月が近づいてくると、決まりきったように、次のような意味の文章が各家庭に回覧された。

「正月に関する件　新生活運動を推進するため、来る正月は旧の正月を止め、新暦で正月を行うよう周知がた……

各位　　　　　　　　○○村長」（若林英二氏著『唐土の鳥』より）

この回覧板は、単なる一行政区が出したものでなく全国的な要素を含んでいた。

いうまでもなく、昭和二十年八月十五日の終戦により、米国中心の連合国軍総司令官マッカーサーが来日、東京に総司令部を設置し、日本に対する占領政策をつぎつぎと打ち出すことになる。

人々は、焦土と化した国土に立って、安心と不安、さらに貧苦と混乱の中で、生きることへのかすかな光を見出し、誰もが一心不乱に働く時代へと突き進んだ。

その中にあって、回覧板の内容とはうらはらに農漁村では正月を旧暦で進める傾向にあった。矢板地方でも、昭和三十年代後半までは旧正月を楽しむ農家が多かった。

しかし、農業技術・機械の進歩により農耕馬などの姿も消え、新暦は農村にとっては不合理な面もあったが、科学的・合理的な風潮の波は、多くの若者の共感を呼び、新暦正月はもちろんのこと生活全般が見直される時代となり、物の豊かさが満喫《まんきつ》できる社会が形成され現在に至っている。

本稿の年中行事は、農村のくらしが旧暦を利用する家が多かった昭和三十年代後半までを昭和前期ととらえ、新暦を加味しながら、旧暦を主体として取り上げることにした。

第一節　冬から春へ

一、一月「睦月《むつき》」神事の多い月

かつての農村では、全国的に旧暦を中心に生業を営んでいた。各農家は旧暦思考が多く、生活に違和感はもたれなかった。ただし、昭和初期の小学校では、冬休み中でも新暦の元旦には全校児童が登校し「四方拝《しほうはい》」の儀式があった。この日の子どもらは、家の手伝いなどにこき使われることもなく、体を休めるまたとない機会で喜んで、登校するものも多かった。この時期、大部分の農家は木の葉さらいの最中であった。

当時の農家のほとんどが、自然と共に暮らし、時期に応じて作物を栽培するのはあたりまえと考えていた。そこで、旧暦つまり月の満ち欠けを頼りに、作物の成長・動物のようすを敏感にとらえ、気象状況を判断しながら作物栽培の日程や選定などを進めたものだった。それがために、自然を神のように信仰し、また恐れるのも当然のことであった。

したがって、あらゆる時期をとらえて、災難・病気よけやしあわせを求め、家族はもちろん村人のきずなをしっかりともち、互譲の精神をもっていろいろな行事をこなしてきたのであった。

(1) 楽しかった旧暦正月三が日

① 旧暦元旦

とぐらの中で雄鶏《おんどり》がけたたましくときを告げる。外は真っ暗なのに、おふくろは午前一時ごろにはそっと床を抜け出し勝手場に立つ、親父や長男も起きだす。ほかの次男・次女以下は楽しい夢の最中だ。

おふくろは注連縄《しめなわ》をかけた大きな手桶をもって裏木戸のつるべ井戸へ行き、丁重に柏手の礼をして今年最初の水を汲む。「若水」という。勝手場で供え水を器に分ける。親父や兄貴も顔を洗い、口をすすぎ、静かに神棚・年神様へ若水をお供えする。最初の年中行事の始まりであった。

小生も昭和十年前後は小学生だったが、旧暦元旦の朝は、家族全体が神妙にしているような感じなので、自然とその雰囲気の中に入り、朝風呂入りは妙に心身共にひきしまる思いであった。その朝風呂入りは兵役を志願するまで続き、復員後は親父だけが入り、あとの者は適当になり、やがて新暦生活で影は薄くなった。

当時の小学校は、新暦で日課を進め、旧正月は関係ない。子どもたちは、家族と楽しい日々を過ごす正月三が日なので嫌々ながら登校する。それでも学校の先生方か教育行政の方々の配慮があったのか、旧元旦は一時間授業で放課となり、子どもたちは「帰ったらどこで遊ぶか」決まると一目散に家へ帰る。

二日正月は二時間、三日正月は三時間の授業をやって家へ帰る。高学年は何よりも弁当を持たないで登校するのも楽しみの一つだった。

② 正月三が日物語

正月三が日の過ごし方は、家庭によっても字《あざ》（旧村）単位でも違いがあった。ここでは矢板地内のある集落の三が日と小生の経験の一端を紹介したい。

注連縄をかけた手桶の前で元旦を祝う

三が日の刻参《こくまい》り

その家の親父さんが中心で、「丑の刻（午前一時）参り」を三が日することになっていた。

午前零時を待って参詣者は、手に手に提灯《ちょうちん》を頼りに暗闇の細道を、神社へと出かける。神社へのお供えものは餅とか赤飯で、家庭によって異なる。お灯明をあげ、四つ切半紙にお供えものをのせ参拝する。

お参りする神社は、箒根神社（村社）・星の宮神社・八坂神社（天王様）・雷神社（鳴神様）、愛宕神社（火伏せの神）・天満宮（天神様）・御嶽神社の七神社であったという。

この刻参りは、現在とは違って非科学的ともいわれるが、年の初めにあたり自然災害や病気からの厄除けを神々に祈り、家族の無事息災を願って一年を過ごす出発点を元旦の丑の刻と考え、各家を代表する親父さんや長男がきつい寒さにもめげず三々五々とお参りするのであった。

真っ暗闇の中で遠くあちこちに提灯の灯がともるのを見て、大人は「あれはきつねの嫁いりだよ」といわれ、思わず背筋がぞくぞくするのを覚えたという。

素足参り《すあしまい》

小生は三男坊なので、親父や長兄とは別行動で午前零時前後の神社参りをした。その中で今でも鮮明に記憶に残るのは、小学校四年生の旧暦元旦の深夜、裸足で霜柱を踏みながら一キロ先の神社に行き、子どもながらも落ち着いた格好を取り、本殿に向かって丁寧に礼拝したことであった。

神社参りが終わり親父たちが家へ帰るころは、母親や姉さんたちも動きまわる。元旦早々につるべ井戸から汲んだ若水を風呂に入れて沸かし、冷えた体で帰った親父や長男を迎え入れる。

風呂から出た親父らは、ゆっくりといろりの火にあたり体調を整えてから、神棚・年神様などにお供え餅をあげ、子どもたちはお松さま（門松）に朝食の一辺を供え、家族全員がそろったところできちんとすわり直し、親父が祝いの冷酒の盃を持ったのを見て朝食となる。

朝食は三が日とも雑煮《ぞうに》をいただく。その雑煮は里芋・大根・人参などの煮物に四角い餅を入れ、新年の抱負を楽しくしゃべりあって食べる。食後は、みかん（代々つづく）・こんぶ（よろこびあう）・豆（まめに働く）・栗（くりくりまわす）・干し柿（かきとる）などを食べたのを覚えている。

思えば、刻参りから朝食までは五〜六時間がかかっている。不思議なことに寒さとか空腹感などはあまり意識しなかったようだ。

このような家庭行事は、全員そろって元気に毎年続けられる元旦の楽しみと「今年もしっかりやろう」の意気ごみが重なり合って家族愛となり、自然と家族のきずなが増幅されたような気がする。当時は三が日の刻詣りだが、現在は新暦元旦だけの行事として進めているると聞く。

③ 正月二日　福箒《ふくぼうき》

元旦は、掃除・洗濯などすべての作業はしないで、家族がゆったりとして落ち着く日であり、一年のヤリクリを考える大切な時間でもあった。

二日は午前零時になると、主婦が戸を開けて「副箒、副箒、副箒」と三回唱えながら内側へはきこむしぐさをする地区もある。

親父らは年始まわりの計画をたてる。とくに恒例の田植え時の手間取りさんの労働力確保のための話し合いを、楽しくするのもこの日であった。

(2) 一月四日　とろろ飯

正月三が日は各家庭ともそれぞれにご馳走が豊富なので、胃のもたれを感じる人も出てくる。そのような状況を勘案してのことか、三が日があけた四日の夕飯はとろろ飯で楽しくおいしくいただくのが慣習となった。

とろろ飯は、単純だが子どもたちもおいしいのは分かっている。山芋は家族にあわせて皮をむき、大きなすり鉢にすり下ろし、味噌すり棒を山芋がなめらかになるまですりまわす。子どもらが、おもしろがって手伝うのもたのしい正月の一こまかもしれない。

味付けは家庭によってことなる。おおかたは醤油にこんぶ・かつおぶしをふんだんに入れて適当に煮つめ、少しさましてすり鉢の山芋に入れ、よくかき混ぜあわしたのが「とろろ」である。

とにかく、白米ご飯でも麦飯でもとろろ飯はおいしかった。米寿になった今でも、「今日は、とろろ飯にしよう」の声を聞くと、それがまちどおしくなる。

(3) 一月六日　山入り

農家が大部分の昭和前期の時代は、この山入りは農家にとって大事な行事の一つであった。正月早々この日を農作業の始まりとし、神妙に持山《もちやま》（個人所有の山林）へ入り祈願する。平地が多く山林が遠い地区では、田を山とみたて行事を進める家もあった。

まず、神主からおくられたお札を切りとった松の小枝に取り付け、四つ切半紙に五穀の代表の米・海の幸のにぼしなどをつつみ、山へ入り松の小枝を建て枝もとにそれらを置いて、「あきの方」歳徳神の方にむかって、二礼二拍手一礼をして、年間の山の安全と無病息災・五穀豊穣・災難防除などを含め祈願する。

このとき、少し木こりのまねごとをして山へ入り、のでぼう（ヌルデ）の枝を切り取って帰り、それを短く切って薄く削って花形とし、庭前のすみに山と積まれた堆肥の中ほどに立て、農家にとって田畑の大事な堆肥が完熟することをお祈りする。さらに次の日、七日の七草粥《かゆ》を食べる箸をつくる。その箸は、十四日の「どんどん焼き」の日のだんごをつくるときかまどで燃やした。（古老の話より）

(4) 一月七日　七草粥

七日正月ともいわれ、中国から伝わった五節句「七草の節句、桃の節句、端午の節句、七夕の節句、重陽《ちょうよう》の節句」の一つであり、この七日は、古くから七種の野草を入れた粥《かゆ》を食べて、邪気はらいと、無病息災の願いをこめて祈った。江戸時代には七草の節句を「人日の節句」として将軍以下、七草粥を食べる公式の行事があったという。

粥に入れる七草は、せり、なずな、ごぎょう、はこべら、ほとけのざ、すずな、すずしろで、春の七草とよばれる。

旧正月は新暦二月ごろだが、まだ厳しい寒さであり雪も多かった。これら七草の摘み取りは、多くの家庭では子どもたちであった。田んぼのあちこちには、授業を終えて帰宅した子どもたちが、かごをかかえて七草摘みをする姿が見られた。

(5) 一月十一日　鍬入り

畑の中ほどに入って小さな三カ所の畝《うね》をたてる。この場合、三つの畝は早生（わせ）、中生（なかて）、晩生（おくて）になぞらえているという。その真ん中の畝にお札を付けた松の小枝をさし、それぞれの畝に四つ切半紙に白米をのせて供える。

この行事は、田畑《たはた》の神への願いであって、田畑の仕事の無事と豊作を祈願し、鍬入り後は、田畑の作業開始を知らせる大事な農村の風景であった。

この神事のやり方は、地方や地区、ときには家ごとによっても違いがあるようだ。

私の記憶では、昭和の初めごろから戦後数年間は長兄が山入り、鍬入りを進めてきたが、その後は消滅した。

(6) 一月十四日　どんどん焼き

どんどん焼きは、正月をしめくくる火祭りであった。かつてのどんどん焼きは、集落あげてのお祭りであり、子どもら中心の楽しい行事であった。

「その行事の由来は平安時代の宮中の行事にさかのぼる。宮中では左義長《さぎちょう》といわれ、小正月の行事で旧暦一月十四日もしくは十五日に、毬杖《ぎじょう》という毬《まり》を打つ杖《つえ》三本を三脚のように組み合わせて、扇子や短冊を焼いたのが始まりといわれる。

昔、左義長では尊《とうと》いものを燃やすので、『尊《とうど》や尊《とうど》』とはやし立てて火の勢いをあおった。それがなまって『どんど焼き』『どんどん焼き』となったといわれる」（『歳時記・にほんの行事』より）。

県北矢板地方のどんどん焼きは、古老の聞き取りや集落の記録を参考に、私の経験の一端を記すことにした。

とり小屋物語

どんどん焼きは、私が小学生（昭和十年前後）のころは、子ども仲間で「とり小屋」などと呼び合った。

その「とり小屋」いわゆる「どんどん焼き」は、子どもらはもちろんのこと、大人にとっても楽しいひと時であった。

旧暦一月十四日をめざして、約一カ月前から、班内（行政の末端）の小学校高等二年（当時は小学校六年、高等科二年。今の中学二年生の年齢）の児童らが代表を選び、学校から帰ると、班ごとの役割分担に応じそれぞれが作業を進めた。

高学年男子児童は青竹集めに取り掛かる。この青竹はなるべく太い大きな孟宗竹を、大きな竹藪を背負っている家からなるべくたくさんもらってくる。そのわけは、孟宗竹は燃やすときには、たまげるほど大きな連続破裂音を「どどどぉん」と体にひびかせるものであった。その音は、これから一年間「がんばるぞ」の気持ちを引き締めるよい機会でもあった。さらに、おもしろいのはどこの「とり小屋」が威勢よく破裂音を出すか、暗黙《あんもく》のうちに競争意識が高まるのであった。

いよいよ一月十四日、どんどん焼きの日がくる。高学年の女子児童は、大人たちが手伝ってくれる作業をしやすいように、もらい集めたわらたばを、小屋の中の寒さ除《よ》けや囲炉裏《いろり》を囲む敷きわらなどに配分する仕事を嬉々としてやり、楽しい雰囲気の中に作業を進めた。

日没前、だれもが納得するようなどんどん焼き（とり小屋）が完成する。大人も子どもたちもいったん家に帰り、日没を待って組内の子どもたちが餅やだんごなどをもって集まってくる。

とり小屋の中ほどには大きな炉があり、井桁《いげた》に組まれた薪《まき》が赤々と燃え盛り、外の寒さとは全く違う風景であった。

その当時の子どもの数は、どこの組内でも小学生だけでも十数名で、未就学の子どもを混ぜると二十名前後の集団であった。したがって、小屋は大人たちの考えで、大小二つのとり小屋をつくり、大人たちも含めて楽しめる十分な余裕をもって作られた。

さて、とり小屋に集まった子どもたちは班ごとに各

夜空に炎をあげるどんど焼き

家をまわり、松飾りや注連《しめ》飾りなどを集め、どんどん焼きで焼く準備をする。そのお礼として子どもたちは、家ごとに十銭《せん》前後のお金を頂戴《ちょうだい》する。当時、昭和十年前後の米価は玄米一升二十五銭前後であった。とにかく、子どもたちにとっては、そのお礼が一番の楽しみであった。

うす暗くなったころ、青年たちはとり小屋の周りを確かめ、神主からいただいたお札に火を灯し、その火をご神火として、四隅のランプや小屋の中ほどの炉に積まれた薪に火を移す。その火にあたると一年間の無病息災が得られるという言い伝えがあった。

明るくなったとり小屋の中では、大人たちは小さい小屋で酒などをたしなみ、子どもたちは大きい小屋で、楽しい雰囲気のなか、餅や団子を焼き、お汁粉やあべかわ餅をつくった。さらにその年の厄年にあたる人々からお神酒やミカンが供えられ、ご神火にあたりたい老若男女の人々に分けてやり、その時いただくおひねりが、子どもらにとってはたまらなく嬉しくありがたいものであった。

厄年は、人の一生のうち、厄（わざわい、災難）にあう恐れが多いといわれる年をいい、厄落としの人はどんどん焼きの小屋のご神火にいろいろなものを供えてくれる。

子どもらにとっては、あちこちからお賽銭《さいせん》があがり、どんどん焼きも無上の喜びの一つであった。それらのお金や物品は、高等小学二年生の代表を中心にみんなで確かめ、あとで大人の話を聞いてきちんと処理した。

どんどん焼きの終わりが近づく夜の九時半ごろ、あちこちから人々が集まってくる。あまり見慣れない人もいる。立派なとり小屋の燃えさかる火を見たくてか、それともご神火として拝みたくてかはいずれにしても、飾り団子や正月飾りものをかかえて、笑顔で仲間へ入って燃やす姿は、よりよいなごやかな雰囲気を作りだした。

どんどん焼きの点火は、青年団が引き受ける。まず、小屋内外の安全を確かめ、集められたお札の束に小屋のいろりの火を移し、その火を小屋の四方に移す。火はたちまち燃えあがり、人々は歓声を上げてあとずさりする。燃え上がる火の手と同じく太い孟宗竹の「ドドン、ドン、バリバリ、ドドン」と、体に響く破裂音を聞いて、「よし、今年もからだに気をつけてやるぞ」と思ったのは私だけではないだろう。

(7) 一月十五日　小正月

正月三が日は大正月、十四日から十六日を小正月といった。旧暦正月十五日は、一年初めての満月であり、さまざまな行事が行われた。女正月ともいわれ、当時の主婦にとっては、正月料理づくり、新年の客の接待など毎日が大忙しの連続であった。十五日までにはすべての正月行事が終わり、この日は嫁さんの里帰りができる日でもあった。家事からしばし解放される日であり、「おつかれさま、ごくろうさま」と、ねぎらう心をもって「骨休み正月」とか「骨正月《こっしょうがつ》」などと呼ぶ地域もあった。

小正月の家庭行事を古老に聞くと、十四日の朝作ったドンドン焼きの団子を少し入れた小豆粥《あずきがゆ》を食べる。そのときの箸は、山入りのときに切ってきたヌルデを加工して作った福箸で、神棚や門松の杭《くい》あとに粥といっしょに供え、家族そろって、今年の豊作を祈って福箸で粥をいただいた。

(8) 一月十六日　やぶ入り

仕事休みの日。午前中、年が明けて初めての馬小屋の肥出しをする。多くの農家は、馬小屋は家の玄関内の右側につくり、台所の一部が馬の出入り口になっていた。

馬小屋は、一頭で約二間四方の広さが一般的で、小屋の中ほどに馬の休眠を安定させるための窪地をつくり、小屋全体にわらを大きくきざんだり、木の葉をふんだんに入れて馬を休ませた。

小屋内の踏みつけられた敷きわらや木の葉などを、きれいに外の庭の片隅へ堆肥として積み上げる作業が肥出しであった。

肥出しの記憶は、今でも嫌な気持ちをもたせる。馬小屋の寝床は、糞尿と敷きわら・木の葉が、馬の重みで押しつぶされて板のようになり、すでに堆肥のような状態で一種独特な匂いを発散している。そこに、二人用の「もっこ」で肥え出しをする。長兄が先棒をもち小生が後棒をもって、もっこに山ほど積みのせた堆肥を広い庭のかたすみに、四角に上手に積み上げる。

このときの服装は、もちろん作業衣だが、足は素足であった。馬の糞尿に、力強く踏み込んでしまったときの感触は嫌な思い出の一つである。当時の肥出しを思うたびに、馬を持っている農家はどこでも同じようなのに、「よくぞ、病気にならなかったものだ」と思ったりした。

肥出しがおわると、沸《わ》かしてある風呂に入りさっぱりとして、小正月最後の休みをゆっくり過ごす。

この日は、仏様をまつる日でもあり、閻魔《えんま》さまの大《だい》斎日《さいじつ》ともいわれ、女たちは仲間を誘いあって寺で楽しく念仏をあげたり、百万遍の念佛講を開く地区もあった。

商店街では、藪入りには番頭はじめ奉公人も休み、小遣いや新調した着物をもらったりして楽しい一日を過ごした。

(9) 一月二十日、二十日正月《はつかしょうがつ》、えびす講

二十日正月は、朝食に赤飯やご馳走をつくり、農作業など一切の仕事を休み、「お供え崩し」の日と言い正月行事は終了する。農家ののんびりと続いた正月休みもこのへんで終わり、厳しい重労働の農作業が待っている。

この日は商家のえびすこうの日でもある。農村でも地域によっては、この日をえびすこうとするところもあった。七福神の恵比寿《えびす》さまと大黒《だいこく》さまをお祀りする家庭ごとの行事である。

「恵比寿さまは、西宮神社の祭神といわれ、農家では田の神、作神《さくかみ》の農業神であり、商家では商《あきな》い神として信仰されている。さらに、漁業関係者の信仰も厚いといわれる」(大槻自治公民館編『大槻の歳時記』より)

大黒さまは大黒天の略称で、神話の大国主神と習合して民間信仰に浸透したといわれる。恵比寿さまと同じ台所の板場の奥にまつられる。

このお祀りは講と呼ぶが、各家庭での行事であり、その行事は家庭ごとに異なる。

当日は、恵比寿さまと大黒さまは対《つい》になっているので、その二神を神棚の下にかざり、赤飯、けんちん汁、魚、お神酒、財布や金銭を入れた一升枡《いっしょうます》、そろばんなどを供え、家族みんなで五穀豊穣や招福、勉学上達などを祈った。

供え物で共通しているのは生きている鮒《ふな》であった。その鮒取りは子どもらであった。

鮒取り物語

恵比須さまは、右手に釣竿、左手に鯛をかかえている。店頭の鯛は高価で、多くの農家は求めることなく生きた鮒で代替えした。

当時、恵比須講は年二回あり、旧十月の恵比須講は、秋の余韻があり、あまり苦痛を感じなかったが、旧正月二十日は、新暦では二月であり極寒のころで、しかも二十日正月で村中がのんびりと休日を楽しんでいるときであった。

冬の小川は、水かさは少ないが、あちこちに深い淀《よど》みを作っている。小鮒がいそうな淀みを見つけ、さっそく裸足でそこに入る。

裸足での鮒取りは、冷たい水へ追い打ちをかける北西の風で身にこたえる。しかし、思ったより厳しく感じない。生ぬるい水温の感じの記憶がある。三々五々あちこちに仲間が鮒取りに不平もいわず黙々と進める。いま思うと宿命とあきらめたのだろうか。

淀みの小鮒が逃げないようにするには、一つのこつがあった。それは、淀みを荒らさず背を低くして水面《すいめん》に影を落とさず、淀みの外側から土手をつくり回し水をして、淀みへの水をせき止め、ていねいにくみ出す。水汲みに疲れたら背筋をピンと伸ばして休憩する。立ったまま休むのも珍しい休み方であった。

やがて、淀《よど》みの水が少なくなると、小鮒やニガリ・オシャラクタナゴ・どじょうなどが、小さなさざ波をたてて動きまわる。さらに淀みの水を、小鮒の背びれが見えるまで汲み出し、小魚を漁網でそっとすくいあげ、鮒だけをきれいな水を入れた大きなバケツに移し

恵比寿さまの供え物

替える。八匹ほどの鮒を取り家路へ急ぐ。

途中で同じ学年の友達に会った。

「どうかい、鮒め取れたかい」

「うん、水汲みをおえて小魚を取り始まったら、土手がこわれ水がいっぱいに入りこんで取れなくなった。鮒は一匹も取れなかったよ」

と、彼はさびしそうであった。彼の親父さんはがんこで厳しい。怒られるのは目に見えて分かる。

「三匹やるよ。あと五匹あるから大丈夫だ」

と、バケツから鮒を取り出す。

「大きいのは俺が持っていく。二番目の鮒とあとは小さいががまんしてくれや」

日も西に傾き寒さも増してきた。急いで、私は気前よく鮒をバケツから取り出し、彼のバケツに入れかえてやり、なんとなく気持ちは晴々しく楽しかった。その彼は、つい最近八十四歳で亡くなったが、うちとけて話し合える最良の友達だった。

夕方、母屋の上座に飾られた恵比寿、大黒の二神の前に、どんぶりに入れられた五匹の鮒は元気よく泳ぎまわる。その姿を家族みんなが見守るとき、寒く、つめたく、つらい鮒取り作業も忘れ、「鮒が取れて良かった」と誇らしい満足感にひたるひと時だった。その鮒は、寝る前に水を取りかえ、翌朝家の周りを流れる小川へ放流した。

(10) 一月二十八日　勝善さま

この日は玉田地区の勝善さまの縁日である。勝善さまは勝善神社のことで、創立は鎌倉時代初期の建久三年正月二十八日、祭神は豊受大神《とようけのだいじん》、勝善親王、瓊瓊《にに》杵尊《ぎのみこと》（天照大神の孫、天孫降臨の神）などといわれる。明治元年勝善神社の号を廃し生駒神社と改名された。地区の人々は勝善親王が乗馬を愛した伝説を深く心に受け止め、馬の神様としてあつく信仰された神社で、一般には「しょうぜんさま」と呼ぶのがなまって「そうでんさま」になったといわれる。

馬は、人間のできない力をもって働く。そのため、農家にとっては神様のような存在で身上柱として大切にする考えが持たれた。一方悪者退治に努力された勝善親王を、豊受大神と同じく農耕の神として仰ぎ、その使いとしての乗馬を生駒に結び付け、人馬一体の神としてあがめ感謝するという特殊な神社になり、明治・大正・昭和と年を経るごとにますます隆盛を極めたといわれる。

かつての縁日には、近郷近在の農家の馬や馬車屋など多くの参詣人と露天商などで参道を埋めつくしたといわれる。馬の鞍に鈴をつけ五色の布で飾った馬とともに馬の無病息災を祈願し、お札《ふだ》とたばねた熊笹の葉を受け取り馬小屋の神棚に納めた。

神社からの遠隔地では仲間が講を組織し、当番が参詣者となり、各家へお札と熊笹をおくばりした。私の実家も神社にはほど遠く、仲間で講をつくり七〜八年に一回の当番であった。

太平洋戦争終結後、農機具の発達や貨物自動車におされ、馬の姿は次第に消え、生駒神社の繁栄も過去の語《かた》り種《ぐさ》になった。

旧社殿は、戦後浮浪者の暖を取るための残り火で火災となり焼失した。その後、玉田地区の皆さんが一体となって再建復興に努め、近隣の協力も得て、本殿・拝殿・社務所などが完成した。しかし、往時《おうじ》のにぎわいを挽回《ばんかい》するまでには至らず、生駒神社の遺跡は、市内随一といわれる石づくりの大鳥居や記念碑がむかしを物語っている。

二、二月「如月《きさらぎ》」　春への喜び、休息・農作業準備の月

(1) 二月節分　立春　旧暦十二月晦日頃

節分は季節の分かれ目のことで、立春、立夏、立秋、立冬の前日をさす。春の節分のみをいうようになったのは、旧暦では正月と立春がほぼ同じ時期で一年の始まりとされ、大晦日に当たる節分に、厄を払って新年を迎えるさまざまな年越し行事を行っていた。その中で、「追儺《ついな》の式」と「やいかがし」が現在の節分の行事のもとになったといわれる。

「追儺の式は、中国の宮廷で行われていた邪気《じゃき》を祓《はら》う『鬼やらい』の儀式が奈良時代の宮中に伝わったもので、これが民間に伝わり、現在のように豆まき、やいかがしによる厄払いの風習になったといわれる」(『歳時記・にほんの行事』より)

かつて、この日は年越しの日ともいった。現在でも豆まきと焼いたいわしの頭を串で通し、戸口にさす行事を行う家がみられる。

豆まき物語

当時は、どこの家庭でも日没のころになると母屋の戸を開け、親父さんか長男が、神棚から炒《い》り豆のはいった一升枡《いっしょうます》を受け取り、「福は内、福は内、鬼は外」と、大声で連呼しながら神棚、恵比寿さま、母屋の戸口などに炒り豆をまき、鬼が入らないよう急いで戸を閉めた。そのあと氏神、井戸、納屋、蔵などにもまいた。

神棚にまいた炒り豆を年の数だけ食べると、病気にならないといわれ、子どもたちは先を争って拾い食べたものだ。また、いり豆は「しもつかれ」の食材にするので大事にとっておいた。

さらに、当日は大豆の枯れた幹か、じょうぶな枝にいわしの頭をさし、唾をつけながら焼き、門や母屋など建物の戸口にさした。地区によってはこのことを「やっかがし」ともいう。

いわしの頭を焼いて、戸口などにさす家庭は現在でもあるが、嫌な匂いと異様な姿格好で鬼を退散させようとする呪《まじな》いか。

二月四日は立春。冬から春への移行期であり、旧暦では十二月ごろ（大晦日）である。長く厳しい寒さに閉ざされた冬から解放される春はだれもが待ちわび

節分の豆まき

る。とくに子どもたちは前日の節分で新年の年の数だけ豆を拾って食べ、なんとなく気分も引きしまる思いのする日であった。

また農家の民間歴の初日でもあり、農作業の基準となる日でもあった。かつての農家の人々は、この時期は旧正月であり、農作業も一段落したところである。したがって神事の多いなか、休息を求め、体力増強に努めるのであった。

(2) 旧二月八日　針供養

この日は針仕事を休む。お針子さんといって裁縫見習いの娘さんたちが、裁縫のお師匠さんの家に集まり豆腐に針をさして飾り、ご馳走を供えて針の供養をする。

縫いもの物語

当時の都会では、勤め人・警察官・軍人などはすでに洋服であったが、農村で衣類が全体的に洋装化したのは、戦後の昭和三十年後半からで、それまでは和服が多く使用されていた。

和服は縫い針が主役で、針は大げさだが神聖なもので、ありがたい存在であった。

昭和十年前後、多くの小学校の卒業写真をみると、六年生大半が着物である。

私もその仲間であったが、クラス四十三名のなかで一人だけ洋服であった。聞けば呉服屋の倅《せがれ》で農家ではなかった。そういう状況だから縫い針を大切にするのはあたりまえであった。

それでも一般的には和服と洋服がまじり合って使用されていたが、農家では軽くててきぱきと動きやすい野良着の「筒袖」が珍重され、子どもや老人たちも和服であった。その和服の仕立てやほころびのつぎあては主婦たちの役割であり、ほとんどが夜なべ（夜の仕事）であった。

「まだ寝ないの……」

宿題を終えて、ひと寝入りして目ざめた小学生高学年の三男坊が、四十ワットの電燈の下でつぎあて仕事をするおふくろにかけたことばであった。時計は十時をまわっている。

「うん、もう少しで終わる。早く休みな」

と短い返事。

布団にもぐってもなかなか寝つかれなかった。その頃はどこの家庭のおふくろさんも同じようで、日中は家族といっしょに重労働の農作業にあたり、月をあおいで家路に帰り、夕餉《ゆうげ》の支度、そして夜なべの針仕事であった。

娘たちには、良い嫁の条件として裁縫のできることが求められ、手早く和服の仕立てこなしが出来ることであった。したがって農閑期の冬期には、多くの娘さんは裁縫見習いとして師匠宅へ通ったが、戦後の洋装普及により裁縫の師匠もいなくなった。

てまえみそだが、私のおふくろは不器用ながらも子どもらの足袋を新調していた。その温《ぬく》もりの感触はいまだに忘れられない。呉服屋へ行けば足袋はある。このように、当時の女性たちが針一本にかける思いは、私たちには想像できないほどの愛情が秘《ひ》められていた。

(3) 旧二月十日（春）十月十日（秋）地鎮祭《じちんさい》

春・秋ともだんごをつくり、春は庭の片隅に四角形に山と積まれた堆肥の中あたりに、青竹を並べて作った台の上に、一升枡に幣束《へいそく》を立て団子を入れてお供えし、親父が今年の五穀豊穣と無病息災をお願いした。秋は米俵の上に春と同じようにお供えし、豊年満作を感謝する。

(4) 二月十日ごろ　初午

当時は、旧二月のはじめの午《うま》の日を初午と呼んだ。現在は新暦二月の最初の午の日を初午とする。

むかし、「神がはじめて京都伏見の稲荷社《いなりしゃ》にお下がりになったのが二月の最初の午の日であることによって、その日を稲荷さまの祭日とした」（『歳時記・にほんの行事』より）。今も農家の氏神さまの大半は稲荷さまである。

この日は、稲荷さまに五色の色紙をはって「正一位稲荷大明神」と書いたのぼりを奉納し、五穀豊穣・火難や災難防除を祈願する。

このときのお供えものは、赤飯・しもつかれ（しもつかり・すみつかれ・すみつかりなどの呼び名がある）を小さなわらつとっこ（「つとっこ」ともいい、わらをたばねたもの）の中にいれ、そのつとっこを二つ合わせてしばり一対としてお供えする。同様にわらつとっこに入れたしもつかれを母屋の屋根へ投げ上げた。

そのしもつかれは、栄養豊富で栃木県の郷土食として推奨されているが、見た目があまり良い印象がないのか、県内では知られているようだが料理するとなると少ないのが残念である。

しもつかれの作り方は、食材を用意するのに気をつかう。その食材は家庭によって多少異なるが、共通しているのは塩引きの鮭の頭、節分の大豆、鬼おろしでおろした大根（現在はミキサー）にんじん、酒粕、油揚げ、調味料など、各家庭でそれぞれの食材を混ぜ、じっくり煮込ませる。家庭ごとに微妙に違う味が興味のあるところで、隣近所七軒のしもつかれをいただくと無病息災に過ごせるといわれたが、実際に七軒食べ歩いたという人を聞いたことがない。

(5) 旧二月十日、金毘羅《こんぴら》さま

この日は、金毘羅権現のおまつりで、この地方一帯ではこんぴら様と呼び、小字単位で行うけっこう楽しい「こと日」で集落の休日であった。

神社の一隅の神輿社《みこししゃ》に納められている重量感のある金毘羅さまの神輿を、青年たちが担《かつ》ぎながら元気いっぱい力を出し合い、小太鼓の先導で各戸を回る。それぞれの家では「おひねり」といって賽銭《さいせん》を紙に包み丸めて奉納する。青年たちにとって、その「おひねり」が何ともありがたく元気が自然と湧《わ》くのであった。

現在も地区によっては金刀比羅宮ともいい、主祭神は大物主神（オオモノヌシノカミ）である。一月十日

初午の日には稲荷さまに祈願した

が初こんぴら様、十二月十日の納めこんぴら様で毎月十日を縁日としている。この頃は、そのかげもうすくなっているという。

(6) 二月下旬、学芸会

当時は、都会と違って地方では、芝居とか観劇・映画など文化的環境にはあまり恵まれていなかった。

それだけに、学校単位で行う学芸会には老若男女ともに自然と足がむくのであった。現在は学習発表会など児童主体の活動が中心に進められているが、昭和十年頃の学校では大正デモクラシー（民主主義）の影響もあって楽しい学芸会であった。

「となりじゃ、あしたの学芸会見にいくのけぃ」

と、若いばあちゃんの声。

「うん、おれげじゃ、じいちゃん・ばあちゃんがいくよ。おれらは農作業の準備で忙しいからよろしく頼むわ」

と、親父さんは行きたいけれど、大きな百姓ではそんな余裕はなかった。その百姓さんの息子さんは、小学校五年生で剣舞をやると聞いた。白虎隊と西郷隆盛の剣舞とかで、なかなか評判がよかった。

前日の放課後、先生方と高学年の児童が、木造四教室の間仕切りをはずし、全児童と村人が見られるように工夫し劇場が整備される。

当日、会場には開会前から年寄りや若い夫婦連れが見える。一年生の演技は早い方なので、それを見たさに集まるのは今も昔も変わらない。微笑《ほほえ》ましいことである。

出しものは、合唱・独唱・遊戯・演劇などいろとりどりであった。高学年の私らは「安宅の関」を演じたことを今でも忘れない。

(7) 二月下旬　野火焼き

当時の野火焼きの日時や作業内容などは、小字《こあざ》単位の区長が役員と相談して決める。その仕事は家庭ごとに進めるが、公道などは組内から人数を出しての共同作業であった。

野火焼きのねらいは、農道の土手や畦道《あぜみち》の枯草を焼いて病虫害の防除をするとともに、土手の崩れ防止でもあった。

野火焼きの煙があちこちの田畑からたなびくと、一つのすばらしい田園風景のひとこまを創り出す。しかし、農家にとってその煙は、いよいよ農事に繁忙を極める心構えの烽火《のろし》でもあった。

(8) 二月下旬　道普請《みちぶしん》

かつての道路は砂利道であった。舗装はまったくない。そのため馬車や荷車の鉄輪《てつわ》で道が切り裂かれ轍《わだち》ができる。ときには通行不能の場所もあったことを記憶している。

したがって、道の補修、いわゆる道普請は当然のことで、地域住民の切ない願いでもあった。

そのため集落総出の道普請は、春と秋の年二回でなかば強制的な面もあった。

道の凸凹《でこぼこ》補修《ほしゅう》には、リヤカーで遠くの川から砂利や砂を運び、高めのところは削りとり凹んだところは埋めてならす重労働であった。町村役場には頼れない時代であって、現在を思うとありがたいご時世と痛感する。

かつては、「国道に隣接しない集落でも国道補修を分担した」と古老はいう。国道が舗装されたのは日本の経済成長が軌道に乗った昭和三十年後半からであった。

三、三月「弥生」
木の芽・人心共にふくらむ月

(1) 三月三日　旧暦三月三日　ひな祭り

かつてのひな祭りは、旧暦で桃の花の咲くころで「桃の節句」と呼びならされ、一応楽しい休日であった。五月の節句ほど関心の度合いは高くなかった。それも男子優先の社会風潮のせいかもしれない。

ともあれ三月三日の上巳《じょうし》の節句は、母屋の上段の間の一角に雛《ひな》人形を飾り、ひし形に切った草餅や白酒(甘酒)などを供えて、女の子の無事安穏な成長を祈願する家庭行事である。

「上巳とは、旧暦三月最初の巳《み》の日のことで、水辺《みずべ》で禊《みそぎ》を行い身にふりかかっている穢《けが》れを祓《はら》う習慣が古くから貴族の間で行われていた。そのとき、紙や粘土で人形をつくり、その人形に息を吹きかけたり、肌身に押し付けたりして災厄を人形に転移し、船に乗せて海や川へ流した。

その後、その人形を飾って祝う雛人形となる。さらに、貴族の子どもたちの遊びの中の『ひいな遊び』と結びついて、ひな祭りの起源となったといわれる」(『歳時記・にほんの行事』より)

① ひな祭りのお供え膳

「ひな祭りのもとはお祓いの行事であり、雛《ひな》の膳にもそれぞれのいわれをもっている。

菱餅《ひしもち》＝本来は赤、白、緑の餅をひし形に切って重ね供える。赤は疫病除け、白は清浄、緑のよもぎは邪気を祓う意味があるといわれた。

白酒＝蒸した米に麹《こうじ》を混ぜて作った甘酒を供える。

蛤のお吸い物＝二つに分けた蛤の貝殻は、ほかの貝殻とは決して合わないことから、女性の貞節を教えたといわれる。

ひなあられは、餅や豆に砂糖をからめて炒《い》ったもの。炒るときよくはぜると『吉』、あまりはぜないと『凶』という」(『歳時記・にほんの行事』より)

② 飾る雛人形

「流しびなは、平安時代の貴族の間に盛んに行われた。

室町時代になると、心身の穢《けが》れを移した雛人形を寺院に持ち込み、祈祷厄除《きとうやくよ》けする習慣が広がったといわれる。そのころから人形は持ち帰り保管することになる。そのため次第に人形を装飾するようになった。

江戸時代になると、この習慣は女の子の良縁の願いとなり、公家の婚礼をまねした男女一対の内裏雛が作られ、さらに元禄期ごろから三人官女や五人囃子《ごにんばやし》などが作られ、武家の婚礼家具の一つになった。現在のようなひな祭りが庶民に広まったのは明治時代からであったといわれる」(『歳時記・にほんの行事』より)

(2) 三月十七日～二十三日ごろ　春の彼岸

お彼岸は、二十四節の節外にあたる雑節の一つで、国民の祝日である春分・秋分の日を彼岸の中日とし、その前後七日間をさしている。最初の日を「彼岸の入り」、最終日を「彼岸の明け」という。

一般家庭では、ぼた餅や団子などを仏壇に供え、墓参りをして先祖の供養をする。各彼岸の墓参りは、仏教と日本独自の先祖供養の風習が混ざり合って行われるようになったといわれる。

春のお彼岸物語

今年（平成二十七年）の春の彼岸の中日には、墓参りを兼ねて早めに長峰墓地の片隅に駐車し、人ごみを縫うようにあちらこちらをゆっくり歩きながらお参りの様子を見させていただいた。

結論からいうと、驚きと安堵《あんど》の気持ちで心は爽《さわ》やかそのものであった。それはお墓参りの人々の多いのと手向ける花束を持つ手も軽く明るい雰囲気であった。

「こんにちは、今日は天気がよくて、供養日には最高ですね」

と、立派な石碑とその裏にきざまれた長文の墓誌を見ながら話しかけた。

その石碑は、昭和十二年七月、日中事変勃発間もなく海軍の爆撃機に搭乗し、大陸奥地の上空で戦死した彼のものである。

「いつも花や水をあげていただき、本当にありがとうございます。」

と、戦死した彼の息子さん夫婦の言葉である。

戦死した彼の奥さんと私の家内は、終生変わらなかった良き友であった。その奥さんも亡くなったあと、その息子さんたちとは今でも親密な付き合いを続けている。

彼岸の墓参り

高台に上がって広い墓地を埋め尽くすほどの善男善女の墓参りの人波を見わたし、人々の心の素晴らしさを感じた。今日は天気もよし、先祖の供養に花と水を捧げ供える楽しい感情を胸いっぱいに受け止め存分な深呼吸をして帰宅した。

ぼた餅とおはぎはどちらも同じだが、ぼた餅は小豆の粒をまぶした餡《あん》を春の牡丹に、おはぎは秋の萩の花に見立てて呼ぶともいわれる。

お彼岸に、先祖の供養に供えるぼた餅・おはぎは、赤色の小豆が災難や邪気をはらうといわれる。また、春の彼岸では豊作を呼び込む田の神を迎え、秋は豊作を感謝して神に捧げ供えるために作られたという話も伝わっている。

(3) 三月下旬　川普請《かわぶしん》

現在のダムや河川の護岸工事などの水利事業は、国や地方自治体が率先して整備・補強されている。渇水期にも水田の用水は平穏・無事に保たれている。弥生時代の昔より続いたであろう水喧嘩などはなくなり、昭和三十年代以降、今では川普請も死語となっていることに、ありがたさと喜びを感じるのは小生一人だけではないと思う。

かつての田んぼの仕事始めは、集落単位の川普請からであった。期日は日曜日で、関係する農家総出の共同作業であった。各家から一名が農区長の指示する場所に集まり、役割分担に従って各用水堀への幹線となる小川の護岸や岸辺の補修工事に専念した。

とくに共同作業では、各河川の堰普請《せきぶしん》に重点が置かれた。間もなく四月半ばには田んぼに水を引き込む用水堀への水揚げとなる。それを円滑にするため各幹線小川の補修・整備であり、大切なことはまず頑丈にすることであった。

親父か長男が共同作業へ出向き、残された働き手は自分の田んぼのあぜ道や側道の修理・補強に努めた。小学校高学年の子どもらも駆り出され側道修理作業を手伝った。とくに側道では、荷車で切りきざまれた轍《わだち》に嫌な思いがあり、小川の砂利や小石をふんだんに入れ踏み固めた記憶がある。

その嫌な思いは、側道は秋の収穫時に、足踏み脱穀機からの籾を俵につめ、その籾俵を我が家の納屋へ運び込む仕事であった。荷車に三俵も載せるのは子どもらにとっては大変な作業だ。側道の轍に荷車がめり込んだらにっちもさっちも動かない。人に助けを頼むのもくやしいので、轍にはまらないように、あの手この手と必死だったことをおぼえている。

(4) 麦のこと日

かつての「こと」とは、こと日《び》ともいい、主に農家の神事を含めた休業日であった。こと日は集落によって多少の違いがあった。この農家の休業日は、区長と役員が話し合って決める。こと日の期日が決まると区長が青年団にこと日を連絡する。

こと日の早朝に、青年団の中から選ばれた若者二〜三人が、集落の往還《おうかん》（かつての村の中心道路）を中心に大きな法螺貝《ほらがい》を、ブォーブォーと吹き鳴らしねり歩く。この貝はなかなか重いので交代しないと疲れる。

「ほら貝だよ。なんのことかな」

と、早起きの婆さんの声。

「そろそろ麦の穂も出そろうから、麦のこと日だというんだろう」

と、長男は馬を柿の木の下につなぎ、刷毛《はけ》を使って馬の体のごみなどのこすり取りに余念がない。

「うん、そうか。天気もいいし、風もない。仕事休みはもったいないが、ナマズうけでも作ろうか」

というのは、年はとっても元気のいい爺さんの声。

麦のこと日物語

こと日の前日早朝、地域を代表した青年たち二ないし三名は、朝風呂を浴びて身を浄《きよ》め、十分な腹ごしらえを取り、自転車で古峰ヶ原《こぶがはら》の古峰神社《ふるみねじんじゃ》参拝に出発する。鹿沼市草久の奥山にあるその神社は、当地区からはかなり遠いところにある。

青年たちは、神社に参拝しお札をいただいて帰宅し、お札を各家に配る。その翌日は「こと日」となり、集落全体が農休みとし楽しい一日を過ごした。

農家はお札を細竹の先割にはさみ、その先に草餅を刺して麦畑の中ほどに立て、麦の穂が出そろう時期の雹害《ひょうがい》よけと豊作祈願の神事を行う。

このとき、青年たちがお参りの昼食に出された桑の木で作った箸を持ち帰り、食事をすると中風（脳出血によるマヒ）にかからないといわれ、たいせつに使用したという。

「当時は、なかなか自動車は見当たらない時代。朝早く三時頃に起き身を浄め、自転車で古峰神社へ向かった。容易《たやす》いことではないが、お札を各家庭に配ったときに、十銭銅貨一～二枚とか、ときには五十銭銀貨を半紙に包み丸めてひねった『おひねり』を賽銭《さいせん》がわりにいただくのが楽しみの一つであった」

と、年寄りたちはいう。そのころ酒一升が一円二十銭という。

(5) 三月下旬から四月上旬　田うない

田うないは、田起《お》こしともいい、田圃《たんぼ》の土を打ち返す作業である。その作業も現在は農耕機械の発達でみるみるうちに耕され、黒々とした田圃の表土と一変する。まさに機械文明の素晴らしさを味わえる風景でもある。

田うない物語

かつての田うないは、その年最初の農作業である。地域によっては「田打ち正月」といって餅や赤飯などを神仏へ供え、五穀豊穣と仕事の安全を祈願するという。

三月下旬はまだ寒い日が多い。小学校高学年の小生は、野良着だけでは寒いが我慢し、つぎはぎいっぱいの野良着に着替え、手作業田起こし用のまんのう鍬（「まんのう」と呼ぶ）をかついで西の田圃へ。今日はどこで仕事をしているかは、朝のうちに知っている。

西の田圃では、兄貴が鼻どりなしの手綱二本で、農耕馬を上手に操って田うないをしている。親父とおふくろと姉の三人は、馬では田起こしのできない田圃の端《はし》を手作業で田起こしをしている。

「おおっ、来たのかい。今日は早いね。怪我しねいようにやれよ」と親父。

「うん、掃除当番じゃねいから早いんだよ」

といって、姉のわきへ入って田起こしを始める。一時間もすると手首がかたくはりつくようになってくる。右手の親指と人差し指の間に痛みを覚える。

「ちょっと休みな、手にまめができるから休みな」

と、おふくろの声。

「まめの出そうなところをよく揉《も》むといいよ」

と、姉はいたわるようにその揉み方の仕草《しぐさ》を教える。

昭和十年前後、ほとんどの農家に農耕馬が普及し、手作業の田起こし作業の重労働から解放された。しかし、小生の家ではそれもつかの間、馬の取り扱いの上手な兄貴も、昭和十二年の一月には徴兵検査、同様に次男三男も軍務に就き、人手不足となる。とくに大黒柱で働いた兄貴の留守中は、年寄りの親父は大変な苦労をした。このような状態は全国的な傾向であった。

第二節　春から夏へ

一、四月「卯月《うづき》」　田に苗育てる月

(1) 四月上旬　水あげ　堰祭《せきまつ》り

昭和後期の五十年代から平成十年頃にかけて、全国的な圃場整備のもとに田んぼの区画が整然と整理され、それにつれて用水堀も完備されることによって激しい水争いも消滅し、安定した水田営農が進められるようになった。ありがたいご時世である。

かつての水あげは、田起こし作業の進み具合を見計《みはか》らって、区長が役員と相談し期日・時間を決めるが、四月〇日と決めてある地域が多かった。

小生の地域では、四月十七日水あげと決められていた。子どもも大人もこの日は楽しい一日であった。

冬になっても水枯《みずが》れなく、深い淀《よど》みを造りながら流れる小川を、ある程度下流の水田用水を考えて水量を調節し堰を止める。用水堀の板で作った水門を開けると、小川の水は、堰を切って流れるように用水堀一杯に流れゆく。子どもでもこのときの感動は大人と同じで、

「この水が俺たちの米を育てるんだ。飯が食えるんだ。ありがたい」と。

用水堀水門のそばには、神主からいただいた幣束《へいそく》を、急きょしつらえた棚に飾り、お神酒《みき》と五穀が供えられ、豊年満作を祈願し簡素な宴を開く。昔から続いた堰祭りである。現在は用水堀の整備によって、そのお祭りも消滅し、死語となった。

水あげ物語

水あげには、別の楽しみがあった。冬でも水枯れしない集落唯一の小川は堰き止められ、川下の水かさは少なく素手《すで》でナマズやフナなどをつかみ取ることができた。大人たちは水あげが終わると一斉に魚取りに川下へ入る。魚も興奮し逃げ惑う。そのため獲物はつかみにくい。

徴兵検査前の兄貴は水あげが終わると一旦家へ帰り、苗しろかきの用具を整え田んぼへ行き、苗しろ予定地に水を回し明日のしろかきの準備をする。そして夕方近く、急いで小学校から帰ってきた小生と魚取りに出かける。兄貴は手づかみ魚取り名人を自称するだけあって確かに上手だった。

小川の魚も大勢の大人や子どもたちに追い回されたが、日暮れは落ち着いているようだ。

兄貴は川下へ下がり、

「魚は水が減《へ》ると下《くだ》るんだ。ちょっと下がりすぎたがこの辺から入るぞ」

といい、小生は大きなめかい（あらく編《あ》んだ竹籠《たけかご》）をもって兄貴のあとにつく。

獲物《えもの》はやはりナマズが多く、フナなどもけっこうとれた。めかい半分ぐらいの大漁《たいりょう》であり、二人で楽しく家路へ急いだことを記憶している。

その兄が翌年正月には軍隊生活に入り、九年間も留守にすることなど想定外だった。

(2) 四月中旬　苗しろ種まき

県北地域の現在の種まきは、農業機械の発達により、機械による田植え時期を気候適温限界の五月上旬ととらえ、多くの農家は、温度管理の適切さを考え屋敷内にハウス育苗所を設け三月下旬には種もみを蒔《ま》く。その分、収穫も倍増することになった。

かつての種まきは、霜枯れなどの心配もあって県北では四月中旬が多かった。それでも春の四月は寒い日が多い。昭和十年前後はいやに寒い日が続いた。

小生らは枯れ枝を束《たば》にした燃料のそだっ木（粗朶《そだ》ともいう）を背負《しょ》って田んぼへ行く。大人たちは素足で田んぼへ入り、苗しろのしろかきなど種蒔きの準備で忙しく動き回っている。

親父はそだっ木が燃え上がるころあいを見計らって「お茶にしよう」という。他所《よそ》の家から数名の方の手伝いもあり、親父の声もよそゆきの声だった。お茶のみは午前中の休憩時間で九時半ごろ、「九時半はこじ飯《はん》」との語呂合わせか、簡単なおかずにおにぎりが配られた。田んぼの土手で、燃える炎を囲んでのこじ飯は、たとえようもないおいしさであった。

苗しろが平らにならされると、短冊形《たんざくがた》に区切られ親父が上手にまんべんなく種もみを蒔き下ろす。正午を少々過ぎたころ作業は終了し、馬も排水路の小川の水に浸《ひた》り、誰もが泥を落としさっぱりとして家路へ急ぐ。

家ではおふくろや姉さんが早めに上がり、赤飯やごちそうを用意してみんなの帰りを待つ。そろったところで、親父が神棚からおろしたお神酒を茶碗に分け、今年の豊作を心にこめて乾杯し、控え目の宴会が始まる。子どもらは、多くのごちそうの中でもうずら豆の甘煮《あまに》は大好物であった。

二、五月「皐月《さつき》」しろかきの月

(1) 四月中旬〜五月下旬、しろかき

しろかきは、耕された田んぼに水をはり、田んぼの土塊《どかい》を手作業や農耕馬によって泥状に平らにならし、田植えを円滑にするための作業であった。その作業には、荒しろかき、中しろかき、あげしろかきの三回の作業があった。

荒しろかきは荒くれかきとも呼び、しろかき一回目

の作業である。二回目はさらに細かくかきまぜる。そして三回目のあげしろは植えしろかきとも呼び、田植え前の仕上げのしろかきであった。

いずれの作業も手作業でまんのう鍬《くわ》（まんのう）、農耕馬を使用するときは馬鍬《まぐわ》（まんが）を使っての仕事であった。なお、三回目のしろかきを丁寧《ていねい》にやり、二回目を省略する家もあった。

しろかき物語

現在のしろかきは、田起こしと同様に大型機械によってみるみるうちに平らに均《なら》され、見事な水面が作りだされる。その光景を眺める年寄りたちは、何とも複雑な気持ちを抱く。

かつて農耕馬も持てず、手作業のみに頼った昭和初期のころの多くの農家は、小学校高学年の子どもたちも、すでに農作業の一員とみなされ、帰校すると何かと仕事は待っていた。

「今日は、東っ田んぼの荒くれかきだ。学校からけいったらまんのうと草刈鎌もって田んぼへこいよ」

と親父の大きな声。昨日は日曜日で、終日田んぼのあぜの草刈りをさせられた。昨日の疲れは学校で休ま

馬を使うしろかき

る。終礼の鐘がなる。さようならの挨拶もそこそこに家路へ急ぐ。しろかき手伝いで、「親たちが少しでも楽になればそれでいい」と、それだけの思いで急ぎ足になる。

田んぼでは、親父、おふくろ、兄貴、姉さん家族四人が斜めに並んで、声もなくただ荒くれかきに専念しているようだ。手作業しろかきは喋《しゃべ》ると疲れるのだ。だから喋らないだけ。四人の後についてまんのうを使うも、力不足と仕事下手《へた》では到底及ばない。しかし、あせることなく、自分は自分の力で推し進める要領を覚えたのもその年頃であった。

三、六月「水無月」
田植え・田の水を守る月

(1) 学校も休業日を設けた田植え時

農家の仕事はどれをとっても重労働だ。田起こし、しろかきは昭和十年前後から多くの農家に農耕馬が入り、手作業は軽減された。

さらに、農家の人々は田植え・稲刈り・籾摺《もみす》りを三大重労働といい、「とてもこの三つの重労働は機械じゃ出きっこないだろう」と、なかばあきらめていた。それが、昭和三十年代後半から「あれよあれよ」という間に農業機械は日々発達進歩し、農家の人々は重労働から完全とも言える解放がなされた。

田植え物語

「田植えの手間《てま》取《と》り、三十人超えてまとまったぞ。うまくいった」

「そうけ。ほんじゃ、とちゅうで都合つかなくなっても三十人は大丈夫だね」

旧正月も終わりに近い昼下がり、親父とおふくろの甲高《かんだか》い会話が聞こえてくる。

かつて手植えのころは、その年の田植えの手間取りを決めるのは、二十日正月ごろから話し合いを始めるのが恒例になっていた。この話し合いは、田植えの手間賃を払う親父と受け取る側で決まる。ここでは、お互い多少の信頼関係がないと事はうまく進まないようだ。親父は毎年三十人前後の手伝い人を決めてくれた。当時の手間賃は、三食つきで一日働いて五十銭で、これは終戦時まで続いたようだ。昭和十年前後のころは酒一升一円二十銭と記憶している。

　各町村の学校では、田植えの最盛期を十日前後と考えて農繁休業とし、小学校四～六年、高等科一・二年生は、学校は休みとし家の仕事を手伝う。子どもにとって学校は休みになるので楽しいことであった。しかし、田んぼに入って怒鳴られながらの田植えの苗運び、勝手場での食事作りに動き回る手伝いなどは、思い出してもゾットするほど疲れて違和感を覚えた。

　昔の天気は、だいたい一定していたようだ。梅雨《つゆ》どきになると決まって天気がはっきりしなくなり、晴と曇りと雨が交錯して一日が終わる。静かだが梅雨寒《つゆさむ》を感じる。しろかきのころは水不足でけんかとなり、怪我人も出るほどの騒ぎであったが、田植え時には梅雨のおかげでその心配は少なかった。

「明日《あした》は南田んぼの田植えだ。手間取りが多く来るからしっかり用意してくれや」

　と親父の声。

「明日の手間取りは何人だったたっけ」

　とおふくろ。

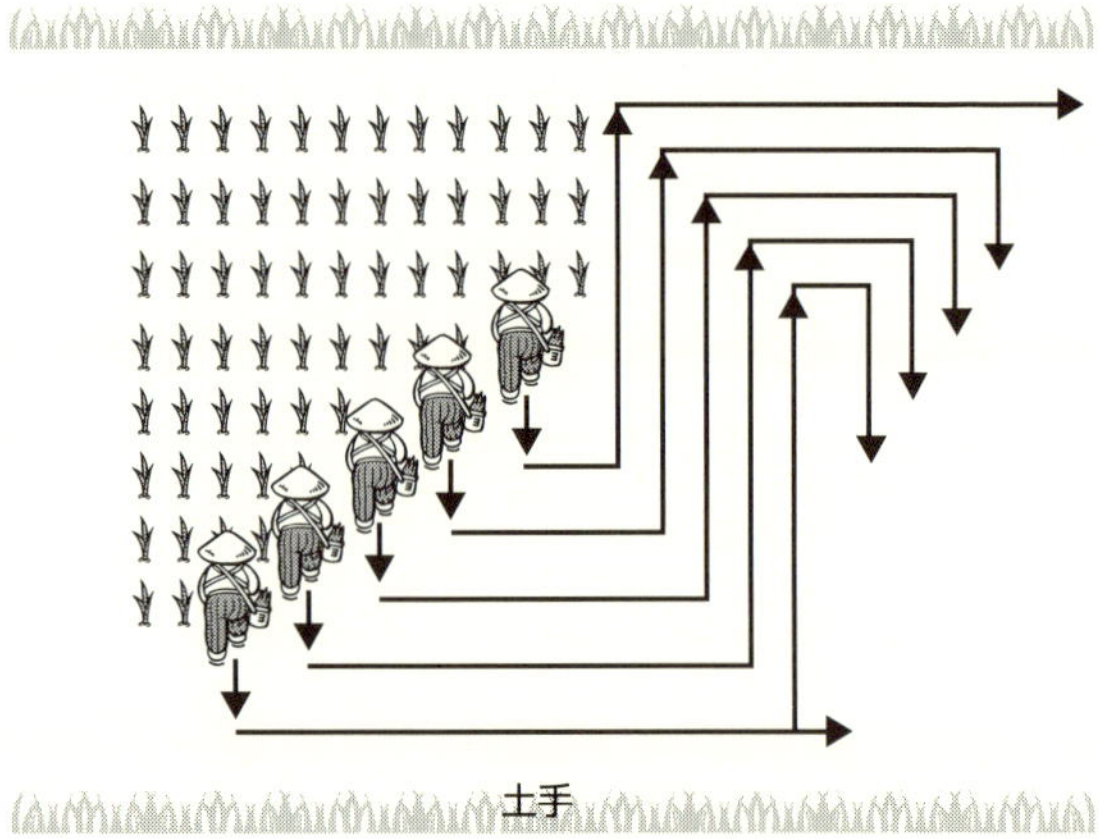

重労働だった田植え

「前に言ったとおり、手間取り人足《にんそく》十三人、そのうち朝飯食べるのが四人だ」

「だいたい準備はできている。ただ、朝飯四人のおかずはこれから考えっぺぃね」

　と、おふくろは姉の顔をみる。

　その会話は、今日は家族五人だけの田植えで、朝からみっちり働き、有り合わせのおかずで昼飯をみんなで食べるとき、親父から始まった。明日は今年最初の手間取りの来る日である。親父は、心のこもるおもてなしをするよう願っているようだ。おもてなしは来年の手間取りの確保に影響するのを心配しているのだろう。

続いて長男の兄貴の声。

「明日の「たろじ」(田植えの苗を引き舟で運ぶ役)はおめい(おまえ)一人じゃ間に合わねぃ。その時は俺が手伝う」

という。小学生の弟は黙ってうなずく、大勢の手間取りの田植えでは、一人のたろじではとても間に合わない。「おこられ」「どなられ」うんざりした去年を思い出す。兄貴の言葉はありがたいことだった。その言葉は忘れられない。

さて、いよいよ今日は我が家にとって、大勢の田植え手間取りの来る日だ。目ざめも早い。おふくろはいつ起きたのかわからない。もう赤飯もお煮しめもできている。ニシンやうずら豆などの煮物は昨夜のうちに終わっている。田植えの食事はおいしく腹いっぱい食べられるのは経験ずみだ。弟の私は相変わらず兄貴のお下がり野良着を身に着けて、「引き舟」をかついで田んぼへ向かう。

去年の田植えの思い出がうかぶ。それは、学校の農繁休業十日前後通した手伝いの疲れの一こまである。午前中泥田の中を苗運びの「たろじ」をして、へとへとに疲れ午後遅い昼食の休み時に、雨よけの蓑《みの》を褥《しとね》に横になるとたちまち眠りの桃源郷へ入り込む。

「おい。もう起きろ。だいぶねたぞ」

と、兄貴の声。たまげて体を起こすと、田んぼから一斉に大人の笑い声。恥ずかしいやら切ないやら寂しくなって、「いっそのこと、このまま家へ帰ろうか」と、ささやかな反抗心をもった。でも小学校高学年の農家の子どもたちは、誰もがこんな調子で疲れ切っているのだろうと思うと、反抗心もどこかへ消えていった。

すでに、田んぼではにぎやかな話し声をかわしながら、苗取り作業が進んでいる。この作業は、苗を本田に植える時、作業をしやすくするように、苗しろの苗を両手を合わせたぐらいの束にして、根元でそろえわらでしばる重労働であった。取り揃えた苗を「くくり苗」とよんでいた。親父と兄貴は、だれよりも早く田んぼに出て水の調節をしたり、食事場所の暖をとるそだ木を用意したり忙しく動き回っている。

「おおい。たろじ、今日はこの田区から始める。くくり苗を運んでばら撒《ま》け。細かにまくと植える人に迷惑かけるから、気つかって撒けよ」

と親父の声。小学校高学年の弟は、

「そんなことは去年の今頃、嫌というほど聞かされた。いまさらなんで大声で怒鳴るんだろう」

「あっ、そうか。俺に怒鳴って注意することは、手伝い人にも迷惑かかった時はおおめにみてくれと頼んでいるのだろう」

そう思うと親父の姿もありがたく見えてくる。

苗取りの作業は、手伝い人と家族を含めて十五人になる。とにかく早い。もたもたしていると田植え人が本田に移ってくる。それまでにたろじは、引き舟でくくり苗を運び、植えやすく分散しなければならない。

小生は、体は大きい方だが、まだまだ大人には及ばない。それでも、精一杯泥田を走り苗運びに夢中になる。

引き舟に苗をのせて運ぶたろじ

「おはよう。手伝いにきたぞ。おめいの仕事の手伝いだ」

と、同級生の声。私より背の高い卯平《うへい》だ。

卯平の家はうどん屋で、おおきい水車を回し、粉ひき・精米・うどん製造を幅広くやり、村での信用もあつい。学校の農繁休業は彼にとっては手持無沙汰であり、両親承知のうえの手伝いという。

「よかった。予想しなかった。今日は手伝いが多く忙しんだ。めいいっぱい（一生懸命）手伝ってくれ」

「おれはなにすればいいのかな」

「引き舟つかって、苗運びを頼む。運ぶ場所はその時いうから。その前に親父とおふくろに、おめいが手伝いに来たことを言っててくる。ちょっと待っててくれ」

と、おふくろへ。

「よかった。ありがたい。こじはんと昼飯は腹いっぱい食べてといいな」。

二人のたろじは、元気百倍。無口だった私も楽しい会話に変わる。

たろじの仕事は苗運びだけではない。田植えする人の後ろにいて、くくり苗が適切におかれているかを判断し、多めのときはてばやく除き、少ないときは急いで苗を補充する。ちょっとでもボヤッとしてると、「おおぃ。苗がたりないぞ」とか「苗が多くてじゃまだ」と怒鳴られる。

たろじは田植えこそしないが、気づかいの多い影の重労働であった。

九時半ごろの「こじはん」と午後二時頃の「昼飯」を、卯平と腹いっぱい食べたことは思い出の一つである。

おふくろは、親父と話し合って、夕方近くまで働いてもらった卯平に紙に包んだお金を渡そうとした。だが、卯平は両親から固く辞退するよう言われたのか、ただ「ごちそうさまでした」と、いうのももどかしそうに急いで走り去ってしまった。

「それでいい。それでいい」と、私は自分に言い聞かせた。突然の助っ人に感謝一杯。

彼とは終生の友達であった。彼は戦後、東京の有名店のコックをやり、週に一回、何人かでつくる水曜日のご夕飯を天皇陛下へご献上する役目を果たした。

(2) 小作制度から自作農へ

この頃は、地球温暖化で異常気象のせいか、年々猛暑日が多くなっている。このことは、農業機械や技術の開発などと相まって、米の収穫量にも影響しているようだ。平成二十六年六月上旬の北海道も猛暑日が数日続く変わりようである。したがって、原産地が熱帯性の米の収穫量は一反分（十アール）十俵前後と倍増している。

手作業のころの収穫は、上田で四俵～五俵、中田で三俵、下田で二俵、下下田で一俵前後であり、富裕層は上田で農家の多くは中田以下で、上田を持つ家はあまりなかった。

当時の農家をみると、自作農家と小作農家に分かれ、前者は比較的生計が豊かで子どもたちの進学率も高く、後者は地主から田畑を借りて耕し、収穫量の数割を小作料として支払い残り米で生計を営むのであった。小作料は五公五民で収穫の半分は小作料として地主へ納付する。この小作制度は、江戸時代にはそれが通則であった。それでも、地域や領主によって四公六民とか七公三民などの違いがあったようだ。

近代いわゆる明治・大正・昭和初期太平洋戦争終結までの小作料は全国的には五公五民前後であった。終戦後の自作農創設特別措置法は、小作農家を解放し自作農へ移行させる農地改革の基礎となった。時を同じくして、多くの農業関係法規が制定され、農業技術の改良・発達を促し米の収穫高を倍増させる要因となった。

第三節　夏から秋へ

一、七月「文月《ふみづき》」、稲穂の出る月

(1) 七月上旬　さなぶり・おおさなぶり

さなぶりは「早上《さのぼり》」とも呼び、田植えがすんだ祝行事である。さなぶりは、各家ごとに田植えの無事終了を祝う神事で、家族みんなで楽しむ日であった。

かつて田植えのころの農家は、二毛作の麦田の田植えを終わらせてほっとする。各農家では、手間取り人に田植えを依頼する家もあれば、「結《ゆ》い」といって、二〜五軒が共同で助け合い田植えする家も多かった。早く終わった家では、手間取りであろうと結いであろうと関係なく、遅れている家に一時間でも一日でも手伝って集落の田植えを終わらせた。

とにかく、家中のものは、田植えが終わるとホッとする。あの、もっとも過酷な重労働の手作業田植えは終わった。一日ゆっくり休みたい。休養したい気持ちはだれでも同じだ。

田植えの疲れを癒《いや》すのが「さなぶり」であり、家族みんなで楽しむ休養日でもある。

さなぶり

さなぶりは、神棚の下に急ごしらえの供え棚をつくり、そこにくくり苗三束をくくって一束として供え、あんころ餅（もちをちぎってあんこをまぶしたもの）や赤飯などをあげ、家内安全と稲作の豊年満作を祈願した。さらに、結いの人や手伝ってくれた人や親戚などを招き、酒肴で盛大な宴会を行う家庭もあった。一般的には、田植えで世話になった人々の家へ、あんころ餅とか赤飯をとどけるのが恒例であった。

昭和十年前後のさなぶりは、子どもらにとっては日曜日がいい。家族みんながゆっくり休めるからだ。それにもっといいことがあった。さなぶりには、あんころ餅とか赤飯を手伝ってくれた人の家へ届ける。その使いは多くは子どもらだ。届けるとお駄賃《だちん》として五銭とか十銭ほどいただき、楽しくうきうきしたものだった。

おおさなぶり

集落の区長さんは、区域全体の田植えが終了したのを見届けて役員会を開き、集落のさなぶり、いわゆる「おおさなぶり」の日時を決める。

おおさなぶりは、地区全体の田植えの無事終了を祝う神事であった。神社を中心に会議所（今の公民館）などで餅つき大会、お煮しめなど、地区ごとに出しものは違っても、「お呼ばれ」といって子どもらにとっても満腹感を存分に味わえることのできる楽しい一日だった。大人たちは会議所で酒を酌み交わし、集落のきずなを深める。

(2) 七月中旬　麦秋「大麦・小麦のとり入れ時」

忙しく動き回った田植え時もやっと終わって一息ついたころに、雷雨前の一陣の風に、畑の麦は熟した穂波に大きなうねりを見せつける。雨に当たった大麦・小麦は芽が出やすい。商品価格が低下する。晴れ間を見て刈りとり、麦束をあまや（納屋のこと）いっぱいに詰めこむ。

あまやの中では天候に気づかいなく足踏《あしぶ》み式の稲こき機械で麦をこくことができる。麦の選別も気楽だ。唐箕《とうみ》で吹き分けられた最初の落ち口から出る大量の小麦はまさに小麦肌そのもので、きれいな小山が落ち口にできる。

「こりゃ。豊作だな。ありがてぃこった」

と、親父は笑みを含めての声だが、半年前に長男は軍務に服し留守、口には出さないがさみしさのこもった感じがした。

かつての大人たちの天気予報はけっこう当たるものだ。「入日が良ければ明日は晴」「夕方近く、燕が高く飛びまわると明日は晴」「雨蛙がうるさくなきだすと雨」など、多くの予報の語句を身に慣れさせている。

朝早く床を出た親父は外へ出る。西の空をみわたし、東の太陽の周りを一目見て部屋に戻る。

「今日はいい天気だ。庭いっぱいにむしろ広げて小麦干ししよう。雷様こなけりゃ一日で干し上がるべぃ」

と、誰にも聞こえるような声でいう。

朝飯をすますと動き回る。野良着に着かえる少々の時間が食後の休憩時間だ。

庭一面に筵《むしろ》が敷かれ、その筵ごとに箕《み》でいっぱいの小麦をあまやから運ぶ。この作業も大変なもので、親父とおふくろに姉が続く。小生はぎざぎざの波形のついた「押しかけぼう」で、筵に下ろされた小麦を丁寧に広げ、太陽の光を多くあてるために小麦の波を作って次の筵へと移る。この仕事も腰が痛くなるほどの重労働だ。七時頃には筵全部が終わり、庭に小麦の香りが漂う。

とにかく、天気が良い。十時頃には筵の片方を思いっきり持ち上げ、次に反対側を持ち上げ、筵の真ん中に小麦を集めて、こんどは手で平らに均《なら》し波を作る。いわゆる小麦干しの均しがえだ。昼近くに二回目の均しがえをやる。

昼飯は、焼き立ての大きなウナギで満腹感を味わう。おいしいウナギは、去年の台風時に下りウナギを長袋で捕獲保存しておいたもので、時々だがおいしくいただくのが楽しみだった。

昼休みを少々長くとり、ゆっくり休む。親父はころあいをみて庭に出る。干された小麦を口にくわえてちょっと噛み砕き、干しぐあいを確かめる。

「いいあんばいに干し上がった。俵つくりだ」

の声に、横になって休んでいたおふくろや姉が起き出してくる。大きな小麦箱に筵の小麦が集められ、納屋へ運ぶ作業が繰り返される。納屋では姉とおふくろが唐箕で最後の細かいごみを除く作業に余念がない。

干された小麦はほとぼりがさめるころには、立派な俵の山ができ、検査の受ける日を待つのみとなる。

こぼれた小麦物語

庭の麦干《むぎぼ》し作業は、丁寧にやっても小麦は多少の落ちこぼれがある。とくに庭一面にむしろを広げたとき小麦の落ちこぼれ量は多い。

当時の子どもらは、その落ちこぼれの小麦を丁寧に一粒でも逃《のが》しはしないという目つきできれいに拾い集める。それを笊《ざる》に入れ、小川へ行って泥をきれいに落とし、小砂利を取り除き天日に干す。枡《ます》で測ると二升とちょっとある。去年より少ない。

おふくろがそばに来て、

「あまやから少し持ってきた。三升にして持っていきな」

といって、その場を立ち去る。

「ありがたい。これで十五個になる」

小生は買ったばかりの大人の自転車に乗って、遠くの坂を下りた所の製粉・精米業の車屋を訪ねた。そこで小麦一升で饅頭《まんじゅう》五個と交換できた。

その饅頭の取り扱いは子どもらにまかされる。家族には一個ずつ、あとは友達二〜三人で楽しく食べ合った。昭和十三年頃まで続いた。その後、日中戦争の長期化となり、食糧統制も年ごとに厳しくなり、饅頭交換も夢となった。

(3) 七月上旬　田の草取り

現在の農作業の中で「田の草取り」は死語となった。農家は農業技術や農業機械、さらに農薬などの発達によって過酷きわまる田の草取り作業から完全に解放された。

当時の田の草取りは、家ごとに手間と時間をかけて念入りに進めたものだ。稲の穂が出る前の穂ばらみ期までに三回の草取りをする。一番取り、二番取り、三番取りと呼び、とにかく腰を曲げたまま田んぼを這いつくばっての草取りは並たいていの疲れではない。収穫の少ない下田や下下田の田を持つ小作農家の水田は、田の草は繁茂《はんも》しやすく、特に根の深いビルモの発生はその土地の人々を困らせた。

当時、小学生高学年の子どもらを田の草取りへ駆り出す家は少なかったようだ。あまりにも厳しく過酷《かこく》な重労働だと大人は知っている。そのため、日曜日などに大人の作業とは別に田んぼに入り、泥田の中に肘《ひじ》まで入れて根こそぎビルモをむしり取る作業をさせられた。

「昨日は朝からみっちり働いた。家の連中には黙っていたが、正直んとこ足腰がぎくぎくして運動会の次の日みたいだよ」

と、登校最初に誘《さそ》いにくる謙一ことけんぼうの声。

「このへんじゃ、どこの田んぼもビルモじゃ苦労するな。おれも一日ビルモの草取りだよ。草むしり用の草っかき鎌で根元を探《さぐ》り、鎌で深くえぐり取ると根こそぎ取れる。一人のんびり鼻歌まじりの草取りで、あまり疲れなかったよ」

「そうか。おれも草っかき鎌でやってみよう」

と、けんぼうはいう。
「稲の根もとを痛めると怒られるから注意しろや」といい、あとは楽しい話題へと変わり、約五キロ先の小学校へ急ぐのであった。

(4) 七月上旬　天王さま祭り

かつての天王様の祭りは旧暦六月十四日であった。祭神の牛頭天王《ごずてんのう》は、人々を疫病から守る元締《もとじ》めで荒《あら》ぶる神といわれ、あばれ神輿《みこし》とも呼ばれる。烏山の山あげ祭りは有名である。

各地区での天王様は、地区ごとにそれなりの工夫をし、これから向かう厳しい暑さにうちかつ疫病退散と家内安全を祈願する祭りである。各農家は午前中は農作業に励み、午後は仕事休みとする。

ある地区では、青年団が主催で灯篭《とうろう》を張り神輿を作る。麦わら三束《さんたば》を束《たば》ね、その中ほどに榊や神主からいただいた大きな幣束《へいそく》を飾りつけ神輿を仕上げる。若者はその神輿を威勢よくかつぎ、各家ごとに巡拝する。各家では「おひねり」(お賽銭を紙で包みひねったもの)をあげて神輿を拝む。そのうち酒も少々入り荒々しい神輿となっていく。

地区によっては、神社に奉納されている重量感のある神輿を、若衆が底力いっぱい出してかつぎまわり、最後のころはヘトヘトになって所構わず身を横たえる人もあった。

現在の天王様は、かつぎ手の若い衆が数少なくなったこともあり、神輿を車に乗せての巡回とか、地区の代表がお札を受納し各家へ配布するようになった。

一の矢の天王祭　旧六月七日

「一の矢の天王様は、筑波山の西(現つくば市一の矢)にある八坂神社であり、京都東山の八坂神社の分霊を奉納する格式の高い神社である。祭神は豪気闊達《ごうきかったつ》な荒ぶる神として知られる素戔嗚尊《すさのおのみこと》であり、疫病退散の神としてあがめられている関東総本社である」(『矢板市史』より)

当時、県北、この辺では、集落ごとに「講」を組織し代表が代参し信仰を深めた。現在は個人の崇拝だが影はうすくなった。

二、八月「葉月《はづき》」、稲穂の実る月

(1) 八月一日　旧七月一日　釜《かま》の蓋《ふた》

盆行事の始まりの日でもある釜の蓋は、冥土《めいど》や地獄の蓋が開く日で、先祖の霊はこの日に冥土を出発し、盆までに家に帰ってくるといわれる。各家庭ではまんじゅうを作って仏前に供える風習がある。

現在は旧暦でなく月遅れ盆で行い、釜の蓋も八月一日が一般的となった。

釜の蓋まんじゅう物語

かつての釜の蓋は旧七月一日で、学校では夏休みの最中である。子どもらにとっては、このうえないうれしい日であった。それは毎年のことであったが、おふくろや姉さんが手製のおまんじゅうを、腕によりをかけてつくってくれるからだ。

「今年の釜の蓋のお饅頭は、どこのがうまいか試してみよう」

と、武がいう。武の家は坪《つぼ》（当時の行政末端の呼称で小字《こあざ》ともいう）内の小学校同級生十七名の中では比較的裕福な家庭で、毎年ながら皮のうすいあんこのいっぱい詰まったまんじゅうを、得意になって仲間にくばる。

その年は彼が言い出した。

「釜の蓋のまんじゅう試し会をやろうや」

「それはいいなぁ。どこの家のおまんじゅうが一番おいしいか、順番をつけよう」

と、卯平。

「うん。試し食いはいいが、うんまくねいやとビリになった家には迷惑かけるから、集まったおっらだけ（おれたち）の秘密にするなら、試し食いはやってもいい」

と、小生がいった。

「そうだ。こうやんが言うとおり絶対秘密にするならいいよ。おれの家はさとうもろくに買えないから、饅頭のあんこがすくねぃんだよ」

と、定次がいう。「それなら一番うまかったまんじゅうだけを決めよう」ということになった。

「あっ、そうだ。持ち出すまんじゅうは、叱られないように少なくていい。半分にわけて食べよう」

夜警小屋は、消防団の集まりとか冬期の「火の用心」の火回り当番の控室で、いつもきれいになっていた。いよいよ釜の蓋当日となる。神社近くの夜警小屋をそっと借りて集まったのが七名。もっと集まる予定が、持ち出す数があまりにも多かったので叱られ欠席となる。集まった仲間で小屋の中でいろりを囲み車座になって座り、楽しい会話に弾《はず》みがつく。

小学校高等科ともなると、自身も大人びた感じを持つようになる。

「おれは高等科卒業したら、徴用工にはとられたくねい。料理屋になりたいんだよ。」

と、卯平はいう。長男は戦地で宣撫班要員として働いている。親父もまだ若い。兄弟も多い。製粉・うどん製造を手広くやっている家だ。

「おれは間もなく学校をやめるよ。高等科はお金がかかる。しかたないよ」

と、由平は心なしかさみしくいう。おとなしくて感情をむきだしにしない仲間で、小生とは息の合った奴だった。

そのうち、袋や新聞紙に包まれたおまんじゅうが並べられ、その量の多いのに驚きと恐ろしさを感じた。しかし、「始まったからには最後までやろう、決して悪いことではない」と気持ちを持ち直し、楽しくやろうと決め、声を大にしてふるまった。おまんじゅうは、食べすぎないように小刀で半分にし、七軒分《ななけんぶん》を家ごとに番号をつけ、一番おいしいおまんじゅうの番号を自

釜の蓋まんじゅうの試し食い

分で紙に記入し、恭平へ提出することにした。

「さて、始めよう。みんな本気でまんじゅうだけを考えてやれや。人のことは気にしないことだよ」

との卯平の合図で、まんじゅうの楽しい「試し食い」がはじまった。

「今日はいい天気だ。それにしても小屋は開《あ》けっぴらきにしているのに誰も来ない。いいことだよ」

と、小生がいう。

一応並べられたおまんじゅうは仲間で食べ終えた。番号札を数えたこうやんは、七枚のうち五枚が後ろのこうやんち（やんちとは家を指す。その当時、小生がこうやんで、前のこうやんは前を付けて呼んだ）、あとの二枚が卯平やんちだという。

一番おいしいのは我が家の饅頭と決まった。ひそかに嬉しかった。おふくろと姉さんが、「去年よりも今年」と、おいしい薄皮まんじゅうを作ることに意気込んで作ったからこそと思うと、「ありがたいなぁー」と思った。

それ以後、由平は学校から姿を見せなくなる。復員後、彼の家を訪ねたが、世帯主も変わり消息は聞けなかった。

⑵ 八月七日、旧七月七日　七夕《たなばた》まつり　墓なぎ

七夕まつりは、五節句の一つで、終戦前は各地域とも旧暦で進める家庭が多かった。

「そのまつりは、中国から伝来した物語といわれ、七月七日の夜、天空にかかる天の川の両側にある牽牛《けんぎゅう》星《ぼし》と織女星《しょくじょぼし》が年に一度相会う夜のことで、星を祭る行事の伝説と、日本古来の棚機《たなばた》つ女《め》の信仰が結びついた奈良時代からの宮中行事であった。江戸時代になって庶民にも広まり、とくに笹飾りは当時の寺子屋から普及したといわれる」（『歳時記・にほんの行事』より）

この日は、自分の思いや願い事を短冊に書き、いろいろな飾り物を考え工夫し、その年の新竹に結んで、なるべく天に届くよう願いをこめて高く揚《かか》げる。

七夕の朝は、子どもらは夏休みの最中である。いつもより早く起きる。蓮や里芋の葉の露は早いがいい。その露をすずりに流し入れ墨をする。その墨水《すみみず》で願い事を書くと字が上達するという。

そんなことで何年露水で書いたものか。小学校低学

年のころは、両親や兄姉が露を集めたのは我が家だけではなかったらしい。それにしても、米寿を迎えたこの頃でも、人前には出せないような文字を書きあぐむ今日この頃である。

この日は、墓なぎの日でもある。かつて全国的に使われていた墓なぎという言葉はあまり聞けなくなり、墓そうじが一般的となったようだ。

「先祖は草葉の陰から……」との声は今でも聞く。伸びきった雑草は膝たけほどになる。年一回の墓掃除を目安としたのがこの日なのだ。

「いやぁ、驚いた。こんなに人が集まるなんて」

と、小生のひとりごと。妻と一緒の長峰墓苑の墓なぎの日であった。

「こんなに大勢の人が、墓そうじに動き回るのはすばらしい光景ね」

と、妻はいう。さらに、

「こんな時に臨時の冷たいものを売る店があってもいいね」

「いやぁ、いい景色を見せてもらった。先祖崇拝のころは地に落ちてない」

と、ほのぼのとした気持ちで帰宅する。

(3) 八月十三日～十六日
旧七月十三日～十六日　盂蘭盆会《うらぼんえ》

先祖の霊を迎えて供養するのがお盆であり盆ともいった。

「正しくは盂蘭盆会と呼び、もともと旧暦七月の行事だが、月遅れの八月に行うところが多くなった。

盂蘭盆会は、釈迦の十大弟子の一人目連が、地獄に落ちた母の霊をたすけるために、釈迦に助けを乞《こ》い願い、七月十五日に供養したことが由来とされている。

しかし日本には、古くから正月と盆に祖先の霊を迎える『魂祭《たままつ》り』という習わしがあり、盆行事は仏教行事とは関係なく行われていたといわれる。

現在のお盆は、日本古来の先祖供養と仏教の盂蘭盆会と結び合って生じた仏教行事である」（『歳時記・にほんの行事』より）。お盆には十三日の迎え盆、十四日～十五日を盆中日、十六日を送り盆と分ける。

① 十三日　迎え盆

祖先の霊が家へ帰ってくる日、お盆様迎えの墓参りである。「せっく（節句）せっくと働いて、盆にぼっきりくたばった」との句は、多少の表現は違っても意味は同じ、せかせか働いても盆にぼっくり逝ったのでは、先祖に申し訳がたたないということ。

それでも、かつての迎え盆の墓参りは夕方が多かった。午前中は野良仕事を精一杯やり、昼食後は家族全員が沐浴《もくよく》し、さっぱりとした服装に着替《きが》える。子どもらには新調の浴衣《ゆかた》や下駄などがあてがわれる。家族みんなが楽しいひとときであった。

さて、午後からは迎え盆の準備でおおいそがしとなる。仏壇の掃除、盆棚《ぼんたな》造り、真菰《まこも》のござをしき、盆花を供え里芋の葉に果物・野菜・お菓子をもり添える。ナスに麻がらや箸などで脚をつけ、馬をつくり供える。新盆の家では高灯篭《たかとうろう》に火を灯し、霊を迎えた。

準備が終わると、ろうそく、線香、盆花、水、提灯《ちょうちん》をもって墓へ、持参したものを墓に供え、提灯に灯《ひ》をともし帰宅し、盆棚のろうそくや提灯に灯を移し香をたく。

夕暮れになる。提灯に灯がともされ、家族がそろって線香をたき、夕餉《ゆうげ》の膳に座った。

② 十四日～十五日　盆中日《なかび》

中日の盆は、寺の坊さんが檀家をまわり先祖を回向《えこう》する。盆棚経《ぼんたなきょう》ともいった。

各家庭ではそれぞれに、おはぎ、ぼたもち、だんご、冷や麦、そうめん、五目ごはん、うどん、てんぷらなどの料理に手を尽くし仏壇に供えた。

盆の中日は、大人も子どももゆったりと休んだ。大人は農作業は避けても、内職的な趣味を活《い》かして物づくりを楽しんでいたようだ。鋸の目立て、蓑《みの》あみなどする家もあった。

我が家の親父は、魚をとる筌《うけ》づくりが上手で、とくにナマズ筌の評判はよかった。初秋のころ、そのナマズ筌を夕方そっと川の深みへ伏せて帰る。翌朝静かに筌を上げると驚いた。ナマズが筌の中で水しぶきを上げてあばれまくる。はけご（魚を入れる小かご）に入れて数えると二十一匹のナマズがおとなしくなる。急いで水に浸し泳がせながら帰宅すると、家中がにぎやかな雰囲気になった。

お中元

七月十五日　旧暦でも七月十五日（盆の中日）

古老の話では、お中元はお世話になっている人に、夏の挨拶をかねて贈り物をすること。

「古代の中国には『三元』の風習があり、その三元は一月十五日を『上元』、七月十五日を『中元』、十月十五日を『下元』とし、日ごろの罪をあがなうために神に供え物をしたといわれる。

日本では、中元が盆と結びついて先祖供養のことから、両親・親族・知人を訪問し互いに贈答し合うようになった。贈《おく》る時期は七月初めから十五日までとし、それ以後は『暑中御見舞』、立秋以降は『残暑御見舞』として贈る」（『歳時記・にほんの行事』より）

かつて、戦前昭和初期のお中元は心のこもった贈り物であったと子どもながら感じ、さっぱりした気持ちだった。大人たちも分相応の贈り物と自負していたと思われる。

③ 十六日　送り盆

先祖の霊が帰る日を送り盆と呼び、一般的には十六日の午後・夕方に多いが十五日の家もある。ある地域では午前中お盆送りの墓参りをする。

かつて、ある地域では里芋の葉に米・小豆・大豆・茶・麦などをのせ、包み糸で結び、さらに「お土産」として花やお菓子を墓にそなえて合掌し送り盆は終わる。その日、重箱にお米をいれてお寺に持っていった。現在は、盆棚経のときお坊さんにお布施を包み上げるようになったので、このことはなくなったという。

現在、広大な長峰共同墓苑ではいろいろな都合もあり、穀物・果物などの供物は控え、ろうそくをともし、線香をたき、水を供え合掌し送り盆を終了する。

④ 盆踊り物語

かつての盆踊りは、旧暦七月十六日の送り盆の日が一般的であった。場所は地区ごとに違っており、お寺の境内とか、校庭とか、会議所前の広場とかで盛大に行われた。

戦前、昭和十年ごろの盆踊りは、現今の踊りとは多少異なっていた。当時は踊る人が多く踊らない人はごく少数であった。

当日は、朝から多数の若い衆が盆踊り場所に集まり、役割分担の下にきびきびと動き回り、昼頃には櫓《やぐら》のかざりつけが完了する。

夕方近くまでは、「囃子太鼓《はやしたいこ》」が笛の音とともになりひびき、人々の心をかきたてる。露天商の「おでん」「中華そば」「わたあめ」などの独特な香りは子どもたちの心を揺さぶる。

日没ごろから、囃子太鼓は踊り太鼓の打ち方に変わる。あちこちから三々五々の踊り人は、しめしあわせたのかのようにグループとなり踊り始める。やがて踊りの輪は、櫓を中心に二重三重となり広場いっぱいとなる。その中に見かけない青年男女がいることは、子どもながら私でも察知した。あとでわかったことは、その人々の何組かは結婚式を挙げていることであった。

(4) 八月二十三日、土屋の北向き地蔵尊供養

明治初期のころ、蒸気機関車の火が民家の屋根に燃え広がり、村（当時土屋村、現矢板市）の半分を全焼した。その後、地区中央に火元に向けて北向地蔵尊を建立し、毎年八月二十三日を念佛供養の日と決めた。

旧土屋村では「こと日」とし、農作業などは休みとした。

この日は、青年団が主催の相撲大会がおこなわれ

送り盆の日に催された盆踊り

た。近郷近在から子どもや大人たちが集まり、地域きっての盛大な行事の一つであった。寄付金で子ども・大人の相撲大会には賞品などが用意された。

戦後、相撲大会は中止となったが、念仏供養は毎月講《こう》によって続けられている。相撲大会は、そのあと復活しなかったのが残念なことと思われる。

三、九月「長月《ながつき》」夜なべが多くなる月

(1) 九月一日　防災の日　二百十日「荒れ日まち」

大正十二年（一九二三）九月一日、関東地方にマグニチュード七・九の大地震が発生、いわゆる関東大震災である。数多くの死者が出た大震災を教えとして、災害への心構えを忘れないよう制定されたのが防災の日である。この日から一週間を「防災週間」とし、地域ごとに防災訓練や防災にかかわるイベントが行われている。

さらに、この日は二百十日「荒れ日まち」の日でもある。雑節の一つで、立春から数えて二百十日目にあたり、暑さがやわらぐ八月二十三日の処暑と並び台風の多くなるころとして、農家はとくに警戒した。

いろいろないわれがある中で、「釣りが大好きだった天文暦学者が漁師にむかって『二百十日は荒れる』と言い、見事にそのとおり荒れたので、暦に記されるようになったといわれる」（古川朋子監修『くらしの歳時記』より）

たしかに、かつての二百十日ごろは、誰かが決めたように台風がやってくる。せっかく実った稲穂を根こそぎなぎ倒してしまう台風。心配するのは大人だけではない。子どもたちも大人の顔色をうかがえば直観できる。

農家では田畑の実入りも心配だが、粗末な母屋が気がかりだ。毎年のことだが、木製電柱ほどの杉の丸太が納屋の後ろの庇《ひさし》の下にしまってある。その丸太は、台風には母屋のつっかい棒となる。とにかく激しい台風は小作農家にとっては二重・三重の苦悩であった。

昭和九年の台風の記憶では、激しかった風だが雨はなく、台風一過快晴となった。あちこちの家を見るともなく歩いたが、古いわら屋根が南面の半分ぐらいが

めくられたのを見ただけだった。間もなく、そのわら屋根は集落有志の取り計らいできれいなわら屋根に変わっていた。

台風は決まり切って二百十日頃、関東地方はもちろんのこと日本全国に襲来する。そのため農家は風雨の被害がないように願って、各地でさまざまな風祭りが行われた。

地区によっては、なかば強制的に農作業などの仕事を休み、「鍬・鎌止めの神事」として台風からの被害がないよう集落全体で祈った。

また、ある集落では、むかしは区長さん宅でお神酒をあげたあとに酒肴で盛大に宴をもうけ「荒れ日まち」を行ったが、現在では、班周り当番が荒れ日まちの神事を箒根神社で行っている。

昭和十年頃の荒れ日まちは、村全体が農休みで、各戸によって違いはあるものの赤飯を炊いて神仏に供え、穏やかな毎日を願って休養とする家が多かった。

さらに、集落の神社である鎮守さまでは、各戸から集まった大人や子どもたちが神社を中心に「千度《せんど》・千《せん》度《ど》・千度《せんど》ー」と大声をあげてぐるぐるまわり、台風除けの神事をした。そのあと大人たちは酒盛りをし、子どもたちは、おいしい菓子の「うさぎったま」が十二個入っている袋をいただいて帰宅した。「うさぎったま」は当時一銭で四個買えたのを覚えている。

(2) 九月上旬　水切り

水切りは、作物収穫時期によって晴天続きや天候不順などで多少異なる。区長さんは稲の実入りの時期を判断して水切りの日を決める。ありがたいことに、水切りの触れを日曜日に出す区長さんもいる。そうなると子どもらも喜び勇んで魚取りができ、集落あげてのお祭り騒ぎとなる。

水切りは、田んぼへの灌漑も終了し、大川の堰をはずして用水堀の水門を閉めきる。そのため、用水堀の水が干しあげられ、田んぼの土は固められて稲刈りに備える。

水門を閉めると用水堀の魚は逃場を失い容易《たやす》く捕《つか》まえることができた。大人も魚取りを楽しみ、子どもたちも待望の日曜日とあって、にぎやかな一日であった。取れた魚の大半はナマズであった。回し水で淀みの水をくみあげた大人たちは、歓声をあげながら魚取りをした。魚の種類も漁獲量も多かった。回し水での漁獲は一カ所が常識で二カ所占有することはなかった。これらの魚は、当時の人々の蛋白源《たんぱくげん》として貴重な食料であった。

水切り数日後から、農家は大忙しの稲刈りの季節を迎える。現在では想像できない長期重労働の年中行事であった。

(3) 九月中旬　旧八月十五日　十五夜

旧暦では、月の満ち欠けを基準にしたので、十五日が満月の夜であった。

旧暦八月十五夜の月は、初秋七月・仲秋八月・晩秋九月の真ん中の仲秋にあり、古くから人々はこの月を「仲秋の名月」として鑑賞した。

月を鑑賞する風習は、中国からの伝来で、奈良・平安時代の宮中では詩歌管弦《しいかかんげん》の風雅《ふうが》な月見の宴が開かれ、殿上人の貴族たちは、

「月月《つきづき》に月みる月は多けれど月みる月はこの月の月つきなり」

などの歌を詠み、仲秋の名月を心ゆくまで堪能《たんのう》したと教わった記憶がある。

庶民の間での十五夜は江戸時代からで、農家では五穀豊穣の願いと感謝をこめて、初物の里芋やさつま芋をお供えするので、今でも「芋名月」とか「芋月」と呼ぶ家もある。

月へのお供えは、各地域や家庭ごとにも多少の違いがあるものの、ススキの穂五本と月見だんごや赤飯、お煮しめ、きんぴら、地区によっては、手間のかかるぼた餅などお供えして月を鑑賞する。

ぼうじぼ打ち　十五夜物語

かつての十五夜は、大人は酒、それに手造りのご馳走で家族のみ、ときには親しい知人を呼んでにぎやかなムードで月を眺めながら飲み交わす。

子どもたちはぼうじぼ打ちに夢中になる。この行事は、子どもたちの自主的な活動であり、集落各戸を回り家ごとに異なるおひねり（お金）やお菓子などをいただき、夜半近くなっても「天下御免」の許される遊びであった。

ぼうじぼ（わらてっぽう）は、きれいにすぐった稲

わらを腕ぐらいの太さの束にし、縄で固く巻き付け棒状に作りあげた先を持ちやすいようにしたもので、多くは子どもらの親や兄、近所の大人が協力してくれた。

そのぼうじぼで、歌に合わせて家々の庭先の地面を五穀豊穣と感謝とさらに地中のモグラ退散を願ってたたき回るのがぼうじぼ打ちである。

ぼうじぼ打ちは、小学校高等科二年生以下の子どもたちがグループごとに集まり代表を決める。だいたい遊びの餓鬼大将《がきだいしょう》が代表になる。

十五夜の月が上り始めるころ、子どもたちは、三々五々と代表の家へ集まり、人数は十人前後となる。代表は人数を確かめ、集落家々の周り順を告げ、途中で帰りたい時は黙って帰らず代表に話《はな》して帰ることを約束する。

いよいよ、ぼうじぼ打ちの始まり。まず、代表の庭先でぼうじぼで地面を力強くたたきながら大声で
「ぼーうじぼっくりやーまいも、さんかくばたけに、そばあたれ、おおむぎあたれ、こーむぎあたれ」と唄う。
「あーぁ、よくできた。仲良く、いたずらしんじゃねいぞ。いってらっしゃい」
と、代表の家族に、励まされたのか説教なのかわからないが、過分のおひねりを頂戴して出発する。当時、十五夜の夜はお供え物や作物とくにスイカなどは、少々黙っていただいてもいいならわしもあったようだ。

夜も更けて、あちこちで犬の遠吠《とおぼ》えが聞こえる。ぼうじぼ打ちもおわった。おひねりの分け方はきちんとしていた。ずるがしこくやって後々までも指されるのを最大の恥とした風潮が強い時でもあった。おひねりは、代表があずかり確かめて袋持ちの仲間にわたす。その仲間は屋号などつかって簡単にメモし、学年ごと多少の差をつけて分配し、喜び勇んで家路を急ぐ。

(4) 九月二十日〜二十六日頃　秋彼岸

二十四節気のひとつで秋分を中日として前後七日間を秋のお彼岸という。春のお彼岸に対し「後《のち》の彼岸」ともいわれる。

春の彼岸と同じようにお寺では彼岸会《ひがんえ》の仏事が行われる。民間ではおはぎや団子をつくり仏壇に供え、墓参りをする。春は豊作を祈り、秋は収穫を前に感謝の気持ちをこめて先祖をお祀りした。

第四節　秋から冬へ

一、十月「神無月《かんなづき》」
神々出雲へ、稲刈り最中の月

(1) 九月中旬〜十月下旬　稲刈り

野良着に変えて田んぼへ出るようになった小学校高学年、昭和十年頃、田植えや稲刈りの重労働の作業の手伝いをするたびに、

「稲刈りなどの機械ができればいいがなぁー」

「でも、手の込んだ田植えや稲刈りだから、機械はできっこないだろう」

と、子どもたちはあきらめた話し合いをした。それが、今ではすべての農作業が機械化され、農家は重労働の手作業から完全に近い解放が進められている。

稲刈りは、米の等級に関係するので、天気の良い日を選ばなければならないことは今も昔も同じである。刈り取ったあと雨にでもあたったら、米の質が下がり値段は安くなる。

かつての農家の稲刈りは、主人の判断によるもので非科学的なこともあったが、長い間の経験とことわざにも等しい簡単な知識をためて晴天をあてるのであった。そしてよく当たるのであった。その作業は、鋸《のこぎり》鎌《かま》を使って一株ごとに刈り取る手作業であった。さらに刈り取った稲を乾燥させるために、道路に近い田んぼに稲こきのしやすい場所を探し、そこに雨よけの「はぜ掛け」や「稲ぼっち」として稲こきのときをまつ。

戦後、昭和三十年代後半ごろから農業機械は年ごとに発達し、農業技術の発展は稲作不毛の地と言われた北海道でも可能となった。

稲刈り物語

稲刈りの思い出は田植えと同じ、どこの農家でも子どもたちは田んぼに駆り出された。子どもの稲刈りは、手のろと見られ大人の間に入っては迷惑なので、一区画をあてがわれ丁寧に進めるのがあたりまえだっ

た。それでも高等二年生頃からは大人の仲間に入り、「いっちょうぶり」（おとななみ）を見せるのも楽しみの一つだった。その頃は、玄米六十キロの入った米俵をかついだものが同級生で三人いたが、私もその一人であった。

その、見せかけのいっちょうぶりを見せたが、くたくたに疲れ切った夕暮れ時、あぜ道の端に腰を下ろし夕焼け空を眺める。

やがて一人目頭《めがしら》があつくなり涙を抑えた。それは小学六年生で中等学校へ進学した同級生、そしてまた小学高等二年で上級学校へ進学する同級生、いずれも、家の仕事などは全くしないで課外授業を得意になって受けているように見える。同級生たちへの羨望《せんぼう》の涙か。それとも稲刈りでへとへとになり、たちふるまいもままならなくなった自分をのろっての涙なのか。いやその涙は前者も後者もない入り混じってのものであった。

刈り取った稲を一～二日干して束にする稲まるき仕事は大人たちで、それを一か所へ集める作業は子どもたちがする。この稲束はこびの作業は、たやすく見えるが大変な仕事であった。水はけの悪い下下田の田んぼでは足が泥にめり込み、さらに稲の切り株に足裏を刺され堪《たま》らなく痛い思いをした。

家ごとに、稲刈りが終わると「刈り上げ神事」を行った。その日は朝から家ごとに餅や赤飯などを神仏や田の神に供え、無事の収穫を感謝し、これからまだまだ続く農作業に、病気やけがもなく働けるよう家内安全を祈願した。多くの農家は、家族みんなが休めるよう日曜日をその家庭行事とした。

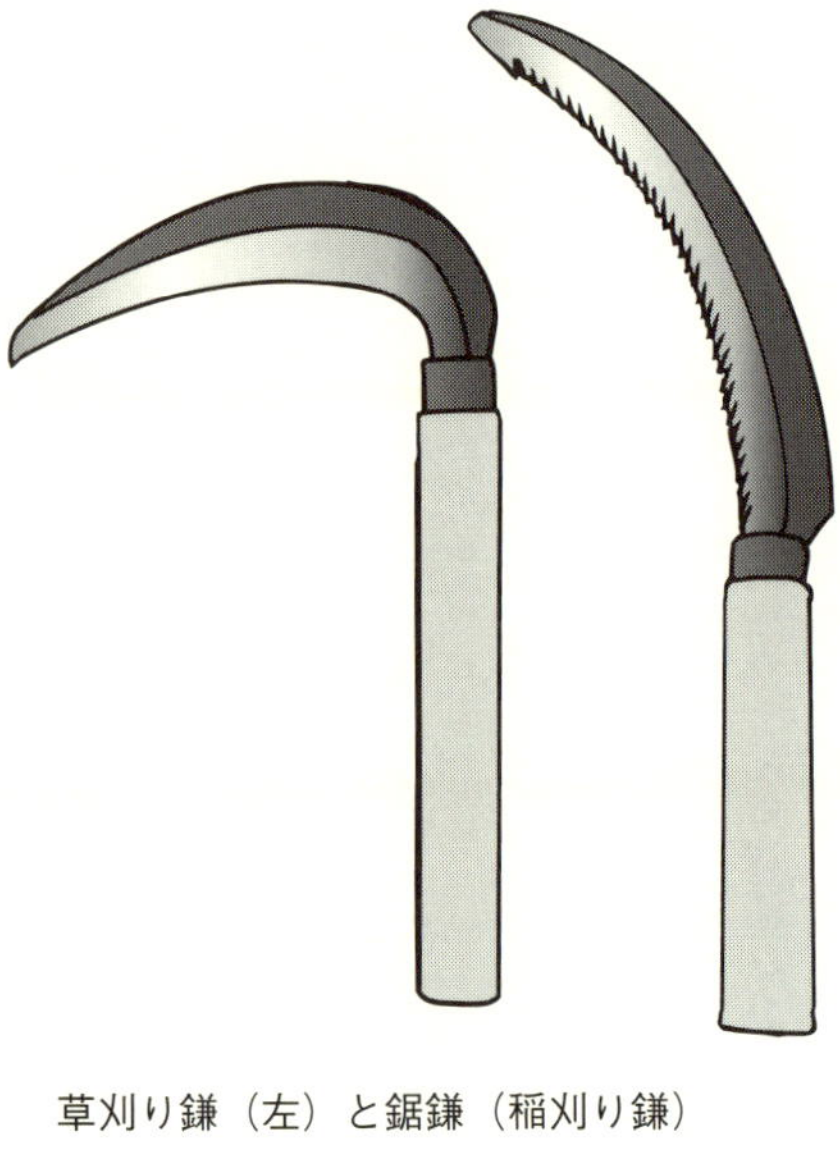

草刈り鎌（左）と鋸鎌（稲刈り鎌）

(2) 十月中旬　旧九月十三日　十三夜

十五夜から一か月後の旧暦九月十三日が十三夜のお月見、十五夜は中国から伝わったが、十三夜は日本独自の風習といわれる。

十五夜を仲秋の名月、十三夜は後《のち》の月見と呼ぶ。十五夜に月見をしたら、必ず十三夜にもするのがならわしとなっている。どちらか一方だけすることをかたみ月といって、縁起が良くないものとされている。

十五夜は「芋名月」といい、十三夜は「豆名月」「栗名月」という地域もある。

十三夜には、ススキ三本を正面に飾り団子や栗・野菜の大根・さつま芋・お菓子などお供えする。かつては十三夜も十五夜と同じで、この夜だけはよその畑から作物を失敬してもよいとされ、農家では物見小屋を建て、大人たちは隣人や知人が小屋の中で酒盛りしながら見張りをする楽しいような風景を見た覚えがある。私の記憶ではその夜に盗んだとか盗まれたという話は全く聞かなかった。

ぼうじぼ打ちは、十五夜にはやらないで十三夜に進める地域もあるが、多くは十五夜で十三夜の月見は家ごとに家族みんなでお月見をした。

(3) 十月上旬〜十一月上旬　稲こき

昭和初年頃から同じ二十年代後半頃までは、人力による足踏みの脱穀機で稲こきが行われた。

それ以後は、田んぼに石油発動機と脱穀機をそなえつけ、それらを帯状にしたベルトで結び、発動機（エンジン）の力で脱穀機をまわし稲こきをした。さらに現在は稲刈り稲こきが同時作業で、口笛を吹きながらできる作業となった。

① 稲こき物語
朝は星、夕べは月の影ふむ農家

足踏み脱穀機による稲こきは、片方の足を脱穀機を回すふみ板に乗せ、力強く上下に踏んで太鼓状の脱穀機を回転させ稲の穂から籾《もみ》を落とした。今どきの人は想像もできないほどの重労働で、当時の子どもたちは手伝うことはできなかった。ただ脱穀機のそばへ稲束を運び、こき終わった稲わらを決められた場所へ運ぶのが一仕事であった。

一田区の稲こきが終わると、籾の始末にかかる。籾の選別は唐箕《とうみ》やいいあんばいな（適当な）風を利用する。夕方になるとうすら寒い風が吹く、体はやけに冷気を感じる。稲こき・稲束運びで大人も子供らも汗だくになっていた。

籾の選別をする唐箕

「つるべ落としの秋の夕暮」とか、稲こきが終わったころは日は西に傾き、籾の選別にも役立たずの、うすのろの無情の冷風は素足の底から全体に広がる。家だけが辛いのではない。あちこちの田んぼでも籾の始末に夢中だ。疲れが極限に達しているのか、話し声もなくとにかく手元が見えるまでには区切りをつけようと動き回る。

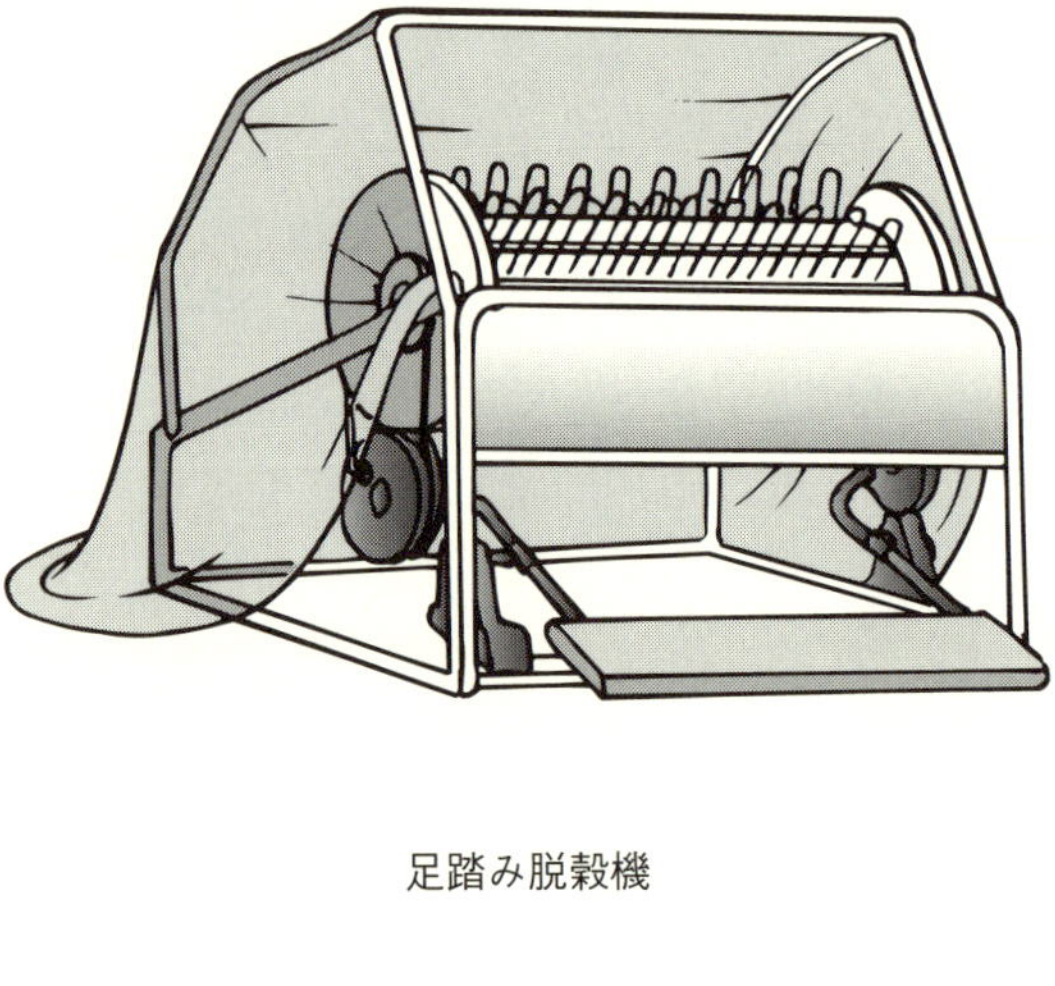
足踏み脱穀機

農繁期の農家は「朝には星を仰いで田へ出かけ、夕べには月影ふんで帰宅する」という。大げさだが事実だ。このような毎日が続くのであった。

唐箕による籾の選別は、太鼓型の大きな箱の中の羽根車を手で回し風を送り、その風力で実入り籾は手前に、から籾は反対側に飛ばされる。さらにちぎれたわらしぶなどは、直通で角ばった大きなはけ口から吹き飛ばされる。実入り籾は俵に詰め、荷車で家の片隅の納屋へ運ばれる。

田植えには農繁休業があったが、秋にはなぜかない。子どもらには重労働と知ってのことか。

朝、登校する子どもたちは、汗だくになって稲こきをしている親や兄姉の姿を、遠くに眺め、心の中に感謝の気持ちがふくらむのは、ごく自然な姿であった。高学年の子らは、学校の小使いさんがならす終礼の鐘を聞き、掃除が終われば家路を急ぐ。つぎはぎだらけの野良着に換えて親父らが働く田んぼへ行く。慣れることはいいことか、素足で砂利道を横切っても足裏の痛みは全く感じない。

当時、私は小学校四年生のころから、夕食の準備をする日が多くなった。両親や兄姉三人は夕方遅く帰宅する。早めに帰宅する私はおかずを作る楽しみを味わった。今でも覚えているのがけんちん造りだ。油はなかなか買えないので落花生を炒《い》って臼みにし、すり鉢ですって油状にし、けんちん汁をつくり喜ばれた覚えがある。今でもけんちんつくりは自信をもって家族にサービスできる。

ついでに、もう一つの自信作に「麦芽糖」(みずあめ)つくりがある。その作り方は、小学校の授業で習い家庭で実験し、最初に上手《うま》くできた。それ以後、我が家では戦時中砂糖が未購入のときでも、麦芽糖の利用は料理に重宝がられた。

作り方は、まず古筵《ふるむしろ》を水の中で十分にひたし、筵を広げ半分ほどに大麦の種をまんべんなくばらまき、片方の筵で種をおおいかぶせる。数日後、うす黄色みがかった麦芽が数センチほど伸びる。それを丁寧にむしりとり保存する。つぎに皮をきれいにむいたじゃが芋をすりつぶし、それを布巾袋《ふきんぶくろ》に入れ水の中で濾《こ》し切る。その水はじゃがいものでん粉で白濁《はくだく》する。しばらくおくと、でん粉は沈む。上水《うわみず》をのぞくと濃いでん粉ができる。それを乾燥させると「餅とり粉《こ》」ができる。いよいよ水あめ「麦芽糖」の作りに入る。まず、餅とり粉を鍋水に溶かし、火にかけ沸騰寸前《ふっとうすんぜん》を見計らって麦芽の乾燥粉を鍋に入れる。沸騰するとたちまち黄色気味の飴《あめ》になる。

こきあげ

家ごとに稲こきが終わると、家庭行事の「こきあげ」神事《しんじ》を行った。この日は、餅などをついて神棚や仏壇・田の神に供え感謝と家内安全を祈願し、大人は稲刈りなどで世話になった知人や友人を呼んでささやかな飲み会を開いた。子どもらは友達と独楽回《こままわ》しや凧《たこ》つくり、女子はお手玉あそびなどで短い一日をゆっくり過ごした。

籾干し

こきあげの日はゆっくり休んだのもつかの間、次の日からまだまだ重苦しい農作業が待っている。籾の天日干しは悠長な仕事ではない。かますや古俵に詰め込んだ籾は、干さないとかますの中で蒸れて質の悪い米となり等外米となりやすくなる。天候を気にする天日干しが続く。

十月末頃ともなると霜が多くなる。その前にやる仕事がある。天気が良ければ籾干しだ。庭一面に百枚を超えるむしろが敷かれると、おふくろと姉は箕《み》を使いおおよそ均等に籾を落とす。兄貴や親父らは、長い柄の先に、直角にはめ込んだギザギザのついた「おし板」で、むしろに落とされた籾のやまをていねいに広げる。そのギザギザは、籾に小さななみを作り、なるべく多くの天日が当たるようにした。それから田んぼのわら干し仕事に出かける。

この時期は、さらにさつまいもほり、麦まき、わら干しと、頭がくるくる回るように、仕事も何するかにふり回《まわ》される。

わら干し

「入日がいい。山もよく見える。明日《あす》はいい天気だ。わら干しをしよう。母屋の裏屋根の葺《ふ》き替《か》えわらは、雨にあてたくねい」

と、親父は兄貴と話し合っている。近いうちに会津のわら屋根屋さんが来るのが分かる。兄貴（長男）は兵隊検査の年だ。甲種合格にでもなれば来春早々に軍隊生活に入る。軍歴を持つ親父は何かと兄貴をかばうように見える。兄貴は俺たちより数倍の農作業をこなす、村一番の働き者と言われていた。

早朝、にわとりが小屋から飛び降りるころには、朝飯の用意もでき急いで朝飯をかっこむ。それにしても、おふくろは何時ごろ勝手場に立つのだろうか。

「今日は日曜日。わら干し手伝いや」

と、親父は子どもらに向かって言う。家族総出のわら干しだ。

稲こきのあと野積みされたわらを、翌日に天日干しをする。天気が良ければの話で、お天気が心配なときは大変な仕事となる。田んぼにちょうちんをつるしわら干しの準備をする。夕餉《ゆうげ》の支度で一足早く帰ったおふくろは、その支度が終わると田んぼに来てくるくると動き回る。おふくろのすけだちに、ありがとうの気持ち以外になにもなかった。

山と積まれたわらを小さく分け、ほっくび（稲穂の元の部分）をむすぶ。そのわら束《たば》を纏《まと》め、雨よけをして帰宅した。

わらは農家にとって貴重な資産だ。わら屋根のふきかえ、家畜のえさ、正月の飾り棚、たわらやむしろ編《あ》みがある。よく乾燥したわらは良質で青みがある。とくに正月用のわらは、特別いいわらを保管するのはどこでも同じだ。

そのせいか、一本のわらも無駄にしない。仕事のあいまに、おふくろは落ちこぼれたわらをひろい集めている。その子どもらは八十を超した今でも、農作業の区切りのついたあとに、わらをひろいあつめるのに疑念は全く持たないようだ。習慣は恐ろしくもあるが、大事なことだと思う。

かいば切り

牛馬の主食は稲わらだ。雨にも当たらずよく干しあげたわらは、「かいば」（「けいば」ともいった）として細かくきざまれ、米ぬかやふすま（小麦粉の皮）に水を混ぜてあたえる。このえさやりは、多くの子どもが経験した。大人は木の葉さらいで留守。小学校高等二年の姉さんがしぶしぶ暇をもらって馬の世話をした。

かいば切りは男の子どもらの仕事だ。馬もちの農家の子どもらは、この仕事がいやというほど身にしみている。下校すると真っ先にかいば切りをする。親父の怒号が頭にあるからだ。切れなくなったのもがまんして、二日分ぐらいを汗だくになって切りまくる。それから遊びに出かける。

かいば切りは、両手で握ったほどのわらをその機械につめ、小さくきざむたびに自動的にわらが送られる仕組みを利用した仕事であった。大人にとっては容易《たやす》いようだが子どもらにとっては重労働であった。

二日分と思ってきざんで遊びに出かける。そのかいばの山も一日そこそこでなくなり、大食いの馬の目を横目で睨《にら》んでがっかりすることがちょいちょいあった。

(4) 十月下旬　旧暦九月十九日　おくにち

昭和十年前後のおくにちは、けっこうにぎやかな一日であった。

朝から大人たちは神社の拝殿に上がって酒盛りに余念がない。

稲刈りもそろそろ終わりに近くなる。田んぼの出来・不出来も見当がつく。今年は穂首が重く垂れ、病害もなく米の取れ高はだれもが知っている。ただ、小作料とのかかわりで口にしないだけだ。

そのころ、坪《つぼ》(小字《こあざ》、行政の最小単位)の森の鎮守さまから太鼓の音が聞こえてくる。豊年の年は太鼓の音も威勢のよい感じがする。「おくにち」とか「おくんち」と言い、秋祭りのやりかたは地区ごとに多少の違いが見られる。

秋祭りは、その年の収穫を鎮守さまに感謝するとともに、春に迎えた田の神を山へ送る集落挙げての神事である。鎮守さまは集落を守る守護神であり、その日は鳥居前にのぼり旗を高く掲げ、神主は終日時を決めて太鼓をうちならす。境内では威勢の良いもちつき歌が聞こえ、甘酒のにおいがただよう。

学校では、地区によって日にちが違う秋祭りを考慮し、その地区の子どもらを早引きさせてくれた。当然、子どもらは急ぎ足で帰り鎮守の森へ。あんころ餅、きなこ餅、大根などのからみ餅を食べくらべ、いくつ食べたか競い合ったのもいい思い出だ。

当時「かぐら」は毎年奉納されたようだが、戦時体制が厳しくなるにつれ廃止された。いま思うに、日本の神話による伝統的な「かぐら」の消えたことには心残りがする。このごろあちこちで、かぐらの復興を見聞できるようになり、さらに文化財として認められる雰囲気が高まりつつあることはよい傾向だと思う。

二、十一月「霜月《しもつき》」霜の降り始め、稲作の仕上げの月

(1) するすひき

するすとは、大きな上下の臼型の丸い枠に粘土で固くぬりこみ、重量感をもたせた、籾《もみ》すり農具である。当時の子どもらは「するすって変な言葉だなぁ。この辺の方言みたいだ」と言い合っていた。

後日、「広辞苑」を見て驚いた。するすとは、籾を取り去るのに用いる農具。「磨臼《すりうす》」と書き、すりす・するすとも呼ぶ。むかし約千百年前の平安時代の承平《じょうへい》年間に書かれた漢和辞典の「和名抄《わみょうしょう》」に記されている。

するすは方言的な言葉でもなく、全国的な呼び名と考えられる。ここで、千有余年のむかしから昭和二十年代後半頃までするす引きが延々と続いたことに対し、祖先への苦労を偲ばずにはいられなかった。

ごうごうと、朝早く重くにぶい音で目をさます。あまや（納屋）の中にしつらえた、米づくりの場所から聞こえるするす引きの音だ。急いで野良着に着替えあまやへ。

「今日は日曜日だけんど、わりいが（わるいけれど）父《とう》ちゃんの仕事手つだってくれ。むりはすんなよ」

と、おふくろの声。

「うん。だいじょうぶ」

と、するすを引き回している親父の反対側へまわる。すでに親父は顔に汗がにじんでいる。調子を合わせ、引き回し棒をがっちりつかむ。呼吸を合わせないとよけい疲れる。それがするす引きだ。

気のせいか、親父も楽になったようで、するすも一段と高い音に聞こえる。するす引きは経験ずみだが、今年から兄貴は軍務につき、遠く外地に在って留守。その分働くのは覚悟の上だ。しかし、このするす引きはちょっとやそっとのくたびれ（疲れること）とは違う。

「ちょっと休もう」

と、親父が言う。私はすぐにむしろの上で仰向き大

の字になり目を閉じる。疲れた。するす引きじゃない。親父に引き回されたようだ。

「もっちょっとやって朝飯にしよう」

と、親父は一人でするすを回し始める。私は、ちょっとよろめいたが気を取り直し、親父が回す引き棒に両手を合わせ引き回す。もちろん、朝飯はたとえようもなくおいしかった。空腹とくたびれ時の食べ物はすべてが美味《うま》いことを知った。

朝飯後の休みに、隣の親父さんが「手伝いに」といってあまやへ来た。「ありがたい。へとへとの疲れも助かる」と思った。神さま仏さまに見えた。

大人二人と子ども扱いの私の三人は、するすにへばりつくようにくっ付いて引き回す。やはり三人の仕事は大きい。籾は籾殻と玄米に分けられ足元にうずたかく積まれる。

おふくろは、するすの上部の枠の中へ籾の減りぐあいをみては、箕《み》にいっぱい盛った新たな籾をさしいれる。姉は唐箕《とうみ》を使ってうまく玄米、くず米、あらぬかと選別する。さらに玄米は万石で選別し、青米《あおごめ》がのぞかれ立派な玄米の山が築かれる。

籾を取り去るするす引き

その山を親父らはじっと見る。稲作農家最後の仕上げの米俵《こめだわら》づくり。小作料の引き下げを、どのようにお願いしたらよいかをじっと考える。小作料の少々の引き下げ願いは毎年のことだが、引き下げられた記憶はない。
「こじはんだよ。なにもねいけんど、里芋の水煮で腹ふたぎしてちょうだい」
と、おふくろのめずらしく大声。今年は豊年なのだ。

去年よりは少々取れたのだろう。子どもでも親父らの笑顔で想像できる。皮をむいて水煮した里芋に、きゅうりのふる漬けを砂糖と醤油でかき混ぜた「こじはん」は、その香りとともにおふくろの味として脳裏の奥にある。

夕暮れになる。草むらに鳴く虫の声も力おとろえ、かつてのはげしさもなく、上弦の月もさみしく映る。今日一日めいっぱい手伝い、大人と子ども三人でのするす引きも俵の山ができてひと安心だ。この俵も半分近くを小作料として納めなければならない。肥料代もたまっている。子どもでも欲しいものはいくらでもある。それよりも上級学校へ進みたいのが本音であった。

夕げの時、親父が横座に座って静かにいう。

「おめんち（おまえさん）の家では、今年の稲穂の波がよかったから、米がいっぱいとれたんべゃ、と誰かに聞かれたら」

「今年はとれねぃー」

「小作料をまけてもらうのだからな」

その後、何日かたち検査をうける米俵も十数俵になる。今日は米検査の日だ。

検査員がやってくる。四十代の紳士でちょこひげを生《は》やしている。

彼は、ピカピカ光る検査用具で、俵をぶすぶす突き刺し、米を手のひらに取り出し、米そのものの品質や青米・くず米などのまじり具合で等級をつける。私の記憶では三等米はごくまれで四等や等外の大きなはんを、人ごとのようにボンボン押して去って行く。

昭和十五年前後であった。やっと、米づくりがするから、動力（発動機）籾摺り機に変わった。その機械が籾殻を飛ばし、選別機を通り見る間にきれいな玄米の山をつくる。

米づくりの動力化によって、子どもらの手伝いは完全に消滅した。私は、少し離れて米俵の山ができるのを見ながら、重労働からの解放感と機械のありがたさをしみじみ感じたひとときであった。

(2) 十一月三日　明治節　現在は文化の日

明治天皇の誕生を祝う祝祭日。当時の学校では祝賀式をあげる。

子どもらはなんとなく楽しい顔を隠しきれない。今日は授業がない日だ。生き生きとするのはあたりまえであった。稲刈り・稲こき・するす引きと、秋の取入れ作業の手伝いにおわれ、数カ月のあいだ友達ともゆっくり遊べなかった。

「今日は、式のあいだじっと静かにしていれば叱られ居残りもないだろう」

子どもらは同じことを考える。

学校では、高等科二年（卒業学年）の四教室を広く開放し式場とする。式場では男女別に並び開式を待つ。教頭先生の開式のことばから始まり、校長先生の「教育勅語」の奉読・訓話、そして閉式のことばで解散となる。深呼吸を二回ほどやって落ち着く。

昭和初期のころから天皇中心の軍部の台頭は年ごとに高まり、天長節・明治節など当時の祝日は厳しかった。開式前には「式の間は咳払いもつつしむよう」との注意は頭にこびりついたほどだ。しかし、その意味は全く知らなかった。

文化の日は、戦後昭和二十三年、文化をすすめる日として十一月三日と制定され、文化勲章などの授与式が行われ祝日となった。

(3) 十一月十五日　七五三

七五三のいわれは、「古くから民間の間で行われてきた。三歳の祝いは『髪置《かみおき》』といって髪をのばし始めるもの。男児の『袴着《はかまぎ》』（五歳の男子）祝い、女児の『紐解き』（おび解き、七歳の女子）祝いを中心に、病魔におかされやすい年頃の通過儀礼として、秋祭りと結び、子の健やかな成長と健康を祈願し、子どもの正式な氏子入りを認めることが多くなり、七五三の儀礼になったという」（『歳時記・にほんの行事』より）。

何はともあれ、七五三の家庭行事は、子どもらのためにもしつけの最たるものと考え、益々の充実化を期待したい。

むかしの七五三の祝いは、地方ごと家ごとに大安・吉日を選んで行われたが、全国的に十一月十五日に祝うようになったのは明治時代以降といわれる。さらに庶民的・一般的になったのは昭和に入ってからのことと聞く。昭和初期のころはその言葉さえも知らずに過ごした。たぶん裕福な家庭ではご馳走いっぱいの七五三の祝いが行われていたものと思われる。

現在の七五三は、かつてのお祝いと同じく、赤飯やごちそうを神仏に供え、子どもの健やかな成長と健康を祝い、子どもに晴着を着せ、氏神や神社にお参りする。

男子は五歳、女子は七歳になった時にお宮参りする。一般的には七歳の男女がお参りする風習もある。

(4) 十一月十五日　油しめ

かつて、この行事は旧暦に行われていた。現在は新暦で行う地区もある。この日は主婦の慰安日とし、集落あげての休業日であった。赤飯とけんちん汁など油が多く入ったごちそうを神仏に供え、隣近所で赤飯・ごちそうなどを交換し家庭の味を楽しみ合った。

むかしは、多くの家で納屋や台所の板の間で油をしぼった。ごまやなたねを炒《い》りすりつぶし、簀《す》の子に入れてくさびを利用ししめつけて油をしぼった。

油しめの日が近づくと、あちこちの家からパカン、パカンとくさび打ち込みの音が静かな集落に反響した。しぼった油は貴重品そのものであった。昭和十年代前半頃から油を売る店が見られ、その音も消された。やがて、日支事変の拡大と節約生活の指導で、油も手に入らなくなり、油しめの復活を思わせる工夫が各家庭で行われた。

(5) 十一月二十日　旧十月二十日　えびす講

えびす講のことは「えびすこ」「えびすっこ」ともよんだ。

えびすこの神は、人々に恵みを与える神として農家や商家に信仰された。

現在は、旧暦でなく月遅れの十一月二十日に家庭ごとに行い、一家団欒の夕餉を送る家庭もある。

初冬のえびすこは、正月二十日のえびす講と違い、多少の暖かさがある。共通なのは神棚から大黒さまとえびすさまを座机などにわか作りの祭壇に移し、鯛の代わりの生《い》き魚の小鮒《こぶな》や古銭などを含め枡《ます》に入れることである。生き魚の小鮒とりは、正月のえびすこと同じ子どもらであった。

秋の収穫の感謝と、来年の豊年を願うえびす膳には、なぜか膳のもくめを縦にし、正月えびすこよりも小豆飯やご飯・お吸い物などもりだくさんのご馳走が並べられる。

(6) 十一月二十三日　勤労感謝の日　梵天《ぼんてん》祭り

勤労感謝の日は、かつては新嘗祭《にいなめさい》と呼んだ。「宮中では天皇がその年に収穫された五穀を神殿に供え、神々と共にそれを食べて収穫を感謝し、来年の五穀豊穣を祈願する行事であった。

古くは飛鳥時代の皇極天皇（西暦六四二年）のころから伝えられる大祭で、現在でも皇室では行われている。新嘗の『嘗』は新穀を表し、饗《あえ》の文字の変化で『食べ物を整えてもてなす』意味と言われる」（『歳時記・にほんの行事』より）。

明治六年（一八七三）の改暦以前は十一月の第二卯の日に行われ、以後十一月二十三日になった。戦後、勤労感謝の日となり、昭和二十三年（一九四八）に国民の祝日となった。

梵天祭りは、羽黒山や御嶽山《おんたけさん》の秋祭り。梵天上げともいい、地区によっては徴兵検査を受けた二十歳の青年たちが主役となり、青年団の協力で梵天をつくり、俵づめの餅・樽詰めのお神酒などと共に奉納した。

梵天は、根を大きく抉《えぐ》り取った太く長い孟宗竹《もうそうちく》のさきに神主からいただいた大きな幣束《へいそく》（おふだ）をしっかり結び、まわりを麻や紙、柾目《まさめ》の木材を鉋《かんな》で削りとったものを大きな団子状に結びあげ、重量感のあるものであった。それを青年たちは汗だくになって、羽黒山神社まで掛け声をかけながら走る参拝行事である。この頃は、梵天のかつぎ手が少なくなり、自動車掲載の参拝とか取り止める地域もでている。

(7) 十一月中旬　道普請《みちぶしん》

かつての農道は、荷車の往来が激しかった。その車は木製の車に頑丈な鉄の輪をはめこんだものであった。田んぼの稲こきが終わり、大きな籾俵を五俵ものせて通ったあとは、見るも無残な切切《きれぎれ》の農道となる。

そのなかで車の後押しをさせられるのは子どもらであった。「あしたのことを考えると、切りきざまれた道は直さないとどうにもならねだろう」と、どの子どもも気にした。いくら力いっぱい押しても、車は何とも応じない。あの嫌な思いはだれも同じだった。

おおかた農作業も終わったころ、集落の役員が道普請の日取りを決め回覧する。春の道普請と同様に集落総出の共同作業であった。車の轍《わだち》は砂利や砂で補修した。しかし、毎年のこと、土砂で固めた農道は荷車の轍で切り裂かれるのであった。

(8) 十一月中旬　旧十月十日　地鎮祭　とうかんや

田起こし前に里に下りてきた地の神や田の神が、稲の収穫を見届けてかえるのを祝い、感謝する神事であった。だんごをつくり、一升枡にいれて神棚に供え、家族団らんの休養日とした。

十日の夜の意味で「とうかんや」と呼ぶ地域もあり、村をあげてのお祭りであった。旧二月十日の地鎮祭に対応する。現在は消滅している地域が多い。

三、十二月「師走《しわす》」来年の準備の月

(1) 旧十二月一日　かぴたり

川ぴたりともいい、「川浸り《かわひた》」がなまったものといわれる。水神《すいじん》を祭る日であった。

餅をついて神棚に供え、近くの小川に三個の餅を沈めた。それを「かぴたり」餅と言った。さらに川端や橋のたもとに供える家もあった。

かつての小川は冬枯れでも水は清く流れる。それが春から夏には大水となり、水難事故をときおり耳にした。私の妹も堰近くまで流され、とまどうばかりでいるのを見た隣の「ゆうちゃん」が真一文字に飛び込み、妹の手を引っ張って助け上げた。彼は二つ上のガキ大将であった。

かぴたり餅は、子どもの水難を守るカッパに祈る行事とも言われる。甘いものが好物のカッパには餅にあんこを添えて上げた。当時の子どもらは、「あんころ餅を食べてからでないと川遊びはするな」と言われた。

この餅を馬に食べさせると病気にならないとの伝えもあった。川に沈めたかぴたり餅を竹の先でそっとさして静かに拾い上げ、馬の夕食の飼葉《かいば》（きざんだわらをぬかと水で混ぜたもの）に小さくちぎりかきまぜて食べさせた。

(2) 旧十二月八日　師走八日

ことじまい（事じまい）、しごとじまいとも呼び、旧二月八日のことはじめ（事始め）に対応する行事であった。多くの農家は休業日とした。

かつては「しわすようかのことじまい」と言い、子どもらでも口にはしないが知っていた。手伝いをサボれば大人は「しわす八日……」を口にして手伝わせる。

とにかく年の瀬は忙しい、やり残しの農作業もある。農家にとって大切な堆肥の元になる木の葉さらいも終わりに近い。その合間に正月の準備をする。まさに「師走」である。やはり、当時の農家にとって新暦正月は不具合であった。

(3) 旧暦十二月十三日　すすはらい

「すすはき」とも呼び、正月に「年神様」を迎える大事な家庭行事の一つであった。おもに母屋のすすをはらいおとし、あわせて一年間の厄をお祓《はら》いする意味もあった。十三日以降はいつでも、すすはらいをしてもよいとされた。

すすはらいは、親父が神棚から大神宮様を静かにおろし、篠竹《しのたけ》・葦《よし》などであんだしきものの簀《す》に納め、庭先に安置してから始まる。新わらの穂さきをそろえ束《たば》ねた箒で、神棚や仏壇のすすやほこりを落とした。笹竹で作った大きな「すすはきぼうき」はどの家でも同じような格好であった。そのほうきは、家ごとにどんどんやきのとき持ち寄り燃やした。

すすはらい物語

すすはらいの主役は、どこの家庭でも親父さんであった。私の家では、兄貴は青年団に入ったころから、親父と同じように防寒・防塵の手拭《てぬぐ》いを頭からかぶり、あご下できっちり結ぶいわゆる「ほっかぶり」をし、マスク代わりの手拭いをあて、すすはきぼうきで威勢よく屋根裏からすすやほこりを掃《は》き落としていた。

小学生だった私らは「早くあんちゃん（兄貴）みたいに手伝いしたい」と思いながら、庭の筵に出された家具などの清掃に働いた。

兄貴は、その後軍務に服し、親父は老骨に鞭《むち》打って黙々と動き回った。まず、家具や畳などを外へ運びだす。つぎに、雨戸を閉め、すすはきぼうきをもって母屋の屋根裏にあがり、一年間のすすやほこりをきれいに払い落とした。

すすはらいは多くの農家が日曜日を利用した。子どもらにとっても楽しみの一つであった。家族みんながそろって仕事ができる。子どもらにも手伝う仕事がいっぱいあった。すすはらいが終わったとき「きれいになった喜び」は格別だ。貧しくとも正月を迎える気持ちが湧いてくる。空腹の夕食は、あり合わせのご馳走でもおいしくたのしい家族団らんのひとときであった。

とくに、子どもらにとってすすはらいは嬉しいことがある。いまのたたみはすき間など全くないが、むかしのたたみはあちこちにすき間があった。そこに一銭や十銭の銅貨が落ち込んでいる。それを拾い当てるのが楽しみであった。

当時の一銭はおまんじゅうを二つ買えた。一銭の半分の五厘銅貨も通用しているころだ。拾ったお金は、多いときは三十銭と覚えている。拾ったお金は両親に返すのが当たり前だが、すすはらいのお金は拾った本人のものになる。そのほか、数年前に買ったおもちゃが出てきたりなど、けっこう楽しい一日であった。

あとでわかったことだが、おふくろが小銭をわざと、すき間に落としておいたときもあったと聞く。嬉しいやらありがたいやら複雑な気持ちになり、むだづかいも遠慮した。

しかし、それらの小遣いは友達どうしで出し合って、暮市や花市に「塚原卜伝」「柳生十兵衛」「南総里見八犬伝」などの単行本を買い、回し読みをする楽し

すすはらいに使ったすすはきぼうき

みもあった。

(4) 十二月二十一日頃　旧十一月中旬　冬至《とうじ》

冬至は、寒さがますます厳しくなるが、春に向かって日が伸び始め、かすかな望みをもてる日である。その日は、二十四節気（中国伝来、一年を二十四等分し、その等分点を立春・雨水・啓蟄などの名で表す）のひとつで、小寒・大寒の二つ手前の呼び名である。

冬至は、一年で最も昼が短く夜が長い日といわれ、子どもらは「布団の中に長く寝られる日」と覚えたものだった。

「むかし、中国では暦の始まりは冬至の日とされ厳粛な儀式が行われ、とくに旧暦十一月一日の日が冬至に当たると『朔旦冬至《さくたんとうじ》』といって祝宴が盛大に行われた。この風習は日本の宮中に伝えられ、その名残が今に残っているといわれる。また、冬至をもとに日が伸び始めることから『一陽来復』の言葉も民衆の生活にとけ込んだ言葉である」（『歳時記・にほんの行事』より）

冬至の家庭行事は、全国的な傾向でその内容は千差万別であるようだ。寒い冬を乗り切るため「冬至とうなすカボチャを食べりゃ中気にならず……」と唄われ、大人も子どもも本気で食べた。ゆずをふろに浮かしてゆず湯にはいる。

冬至の日には「ん」のつく野菜を食べたという

また、れんこんなど「ん」のつく七種類の野菜を食べると「運」が向いてくるといった地方もある。七つの野菜は「なんきん（かぼちゃ）、れんこん、にんじん、ぎんなん、きんかん、かんてん、うどん」と言われる。

なにはともあれ、冬至の日は、貧しいながらもご馳走はおいしかった。親父らは冷酒をいっぱい神妙ぶって飲むが、あとは「もっと、もっとと酒もってこい」と、じょうだん交じりの陽気になり、子どもらは小豆粥とか小豆飯、ときには、甘い小豆だんごを笑いのうちに冬至の夜を過ごすのであった。

(5) 十二月下旬　暮市《くれいち》

暮市は、正月用品を売る市であった。小屋掛けの店がその地区での主要道路に立ち並び、正月飾りから日用雑貨、盆栽や植木、瀬戸物、反物（着物生地）、あめ菓子など、店主の威勢のよい掛け声がひびき、老若男女があい集まり、かん高い声もまじってにぎやかな昼過ぎとなる。

暮市は、南から二十二日氏家、二十三日蒲須坂、二十四日片岡　二十五日川崎、二十六日矢板と順々に行われた。花市は北からであった。

片岡の暮市は駅前の国道筋に露店が並び人出でにぎわった。むかしは川崎市・安沢市がたち、人出が盛んなときもあったと聞く。大槻方面では蒲須坂へ行く人が多かった。

矢板では、前新道を交通止めにして行われている。かつての暮市は、子どもらには魅力的ではなかった。ゴボウやニンジンなど野菜が多く、正月用品の飾り物、陶器や金物、植木類などで、興味関心はほとんどもたなかった。

日当たりのよい水枯れした堀のなかにわらを敷いて、友達とカードあわせ（かけごとに近い遊び）を楽しんだものだった。楽しいのは花市だった。

(6) 旧十二月二十四日〜二十六日　納豆《なっとう》ねせ

かつて、冬期の納豆は、保存食の一つであり、家ごとに個性のある納豆を作った。よその味は、慣れない子どもらには何とも言いようのないものであって、がまんしていただくほかなかった。やはり、おいしいのは我が家の納豆であった。まさに、「おふくろの味」であった。この頃、自前の納豆は見られなくなった。納豆造りまで機械化され大量生産される時代になった。その良否はわからないが、健康保持のためにはいいことなのだろう。

納豆つくりの前の日は、親父やおふくろ・姉は忙しく動き回る。親父は、納屋の近い片隅に大きい釜《かま》を据え付けるかまどを作る。おふくろは、大釜を洗い大豆を洗う。この仕事は、寒い時には手がかじかんでどうにもならない。近くに、たき火をしての作業の時もあった。

兄貴は、親父に教《おそ》わりながら青みがかった新わらをきれいにととのえ、大神宮さまやえびすさまに飾る「注連縄」づくりに余念がない。旧暦のことで新暦一月なかばを過ぎるころだった。

いよいよ納豆ねせの日だ。子どもらを手伝わせる気持なのか、土曜・日曜が多かった。多くの子どもらは文句も言わず、むしろ、親の仕事を少しでも楽にできればという思いがかすめるのであった。

子どもらは一生懸命だった。親父と兄貴それに私の三人で大窯を据え付け、おふくろと姉が一晩水に浸した大豆を大釜に入れる。強火で大豆を煮はじめる。煮えたつと弱火で約二時間、煮豆はふっくらとした茶褐《かっ》色《しょく》になり、あたり一面かんばしい匂いをまきちらす。

やがて、火を止め煮豆を冷《さ》まし、新わらで作っておいた「わらつと」を用意する。

わらつととは、稲わらをきれいに選《すぐ》り、煮豆が汁しゃもじで二〜三杯入る四十センチぐらいのわら束をいう。そのわら束は穂首と根元を切りそろえ、両側をわらでしっかり結び、わら束の中あたりを開いて、煮豆を入れる。その煮豆の中へ、納豆菌を培養するため新わら一〜三本を折って入れる。

そのわらつとは、十個前後大たばにまとめ、その大たばは二〜三個となる。それを納屋の中ほどにしつらえたわら布団のうえに筵《むしろ》を敷き、まとめられた大たばを横にねせる。周りをわらで覆《おお》いかぶせ古布団をかけたりする。かなり大がかりの納豆ねせであった。煮豆は二〜三週間で我が家にふさわしい芳香を放つ納豆が出来上がるのであった。

さらに、保存食の「干し納豆」をつくるのは、どこの家庭でも母親の仕事であった。我が家でも、おふくろの元気な終戦後四〜五年頃までつくり続けたが、その後消滅した。

干し納豆の作り方はいたって簡単だ。納豆に嫌というほどの塩を入れ良くかき混ぜて天日に干す。何日干したか分からない。この出し入れはおふくろでないとできない仕事であった。その干し納豆を口に当てころあいを見て密閉した容器に入れ、少しずつ食べながら夏ごろまでもたせる。小学校での弁当のおかずにしたが、塩辛《しおから》く頭が痛くなるほどでいただけなかった。やはり、うめ干し一つの日の丸弁当が良かった。

(7) 旧十二月二十六日～二十八日　年神《としがみ》さま・しめ縄《なわ》つくり

かつて、旧暦の年神さまやしめ縄つくりは家ごとの手造りであった。器用・不器用はあったが、どの家でも工夫をこらし、見るのも楽しいものであった。我が家では、親父が毎年造りあげた。青みがかった新わらをきれいに揃えた正月飾り、その出来ばえは見事な美しさであった。

その神には、誰もが無事に正月を迎えられること、さらに一つ年をとることを祈願し自覚することであった。当時の農村は「正月が来ると一つ年越す」の考えは全国的な傾向であった。

毎年新しい棚で飾る年神さまは、ナラノ木の丸太を長さ五十センチ前後に切り、五枚の板を造り上下青竹でおさえて棚をつくり四隅《よすみ》を縄で結び、三方（北東西）を新わらでかこみ、大神宮様のとなりに天井からつり下げる。手造りの年神さまの奥には、村の鎮守（神社）の宮司から幣束をいただいてお供えする。年神さまづくりは、正月飾りつけの中では手のこんだもので多くの時間をかけた。

しめ縄つくりは、大神宮さまには、新わらを垂らしながら結った縄を、左右対称に中ほどで結びそこに幣束をたてる。大神宮様も神々しく見えてくる。そのほか家ごとに多少の違いはあるが、えびすさま、井戸ばた、納屋などに簡単な飾りをつけるのが一般的であった。

現在でも関心のある年寄りが、見事な正月飾りを造っているのを見かけるが、多くの農家は新生活運動の一環か、昭和の中ごろまで続いた伝統的な正月飾りは消滅寸前であるようだ。

(8) 旧暦十二月二十七日～二十八日　門松とり

門松にする松は屋敷内では取らない。山もちの家か、借地の木の葉山にある松の枝を切り取ってくる。もちろん、前もって承諾済みのことであるが、当時は門松に限って無断で他家から切り取っても良いとされていた。

切り取った松をすぐに門松にするのは縁起が良くないと言われ、松束として蔵などに二〜三日保管した。そののどかな無断伐採も、昭和三十年代から大量無断伐採、そして販売する者も現れ、さらに新生活運動が叫ばれ、門松は廃止となる。市町村では、横九・五センチ、縦二十六・五センチほどの短冊形の白紙に、賀正の赤字と松竹梅の絵を赤枠で囲み、門松の代わりとして各戸へ配布し、現在にいたっている。

(9) 十二月二十八日〜三十日　餅つき

二十九日は、「くんち餅」と言われ縁起がよくないと言われ餅つきは行われない。かつての正月用の餅つきは、戦後の人々にとっては想像できないほどのいそがしく気づかれする家庭行事であった。お供え用の重ね餅、それに知人や近親者への贈答用、さらに家庭の雑《ぞう》煮《に》用ののし餅など、大量の糯米《もちこめ》を使いこなす。誰もが務めや義理と思い黙々と動くのみであった。

餅つき物語

重ね餅は、家庭ごとに違いがあった。裕福な農家は大きな重ね餅を造る。貧しい農家が大半を占めた時代の一般家庭は、餅の形も自然と分相応になるような気がした。餅つきは、隣近所や親戚の共同作業で能率的に進めた。

わが家の餅つきは、本家や近くの親戚で順番を決め、年回りで家ごとの餅をついた。最近は、餅つき機やLPガスの発達によって、共同作業は止《や》めて家ごとの餅つきとなった。

かつての餅つきの準備はおふくろが主役だ。おふくろはこのさいとばかり、前日から手なれたもので上手な采配のもとに、家族が一体となって明るい雰囲気で、一俵（六十キロ）ほどの大量の餅米をとぎあげる。おふくろは、そのあと、夕飯の支度や、明日早朝の餅つきの人々のもてなしの準備をする。何時ごろ床に就いたのか分からない。

いよいよ餅つきの日となる。ゆるんだぜんまいの時計が止まりそうな間をおいてゆっくり響く。午前三時だ。寝ぼけまなこの目が開く。勝手場でおふくろと姉が動き回る音が聞こえる。三軒分の餅つきを早めに終わらせるため、親戚の叔父やいとこ連中四人が、朝の三時頃に我が家に集まることになっている。女たちはそれぞれ自分の家で餅つきの準備に忙しい。

　広い台所の中ほどに、据え付けられた大臼におふくろが熱湯をふりかけ合掌する。消毒と安全を祈るのは今昔変わりないようだ。

　おふくろの手で、二〜三升の蒸《ふ》かし餅米が臼にスポッと落とされる。すかさず、三人の大人が三キロの小型杵《こがたきね》で年長者の「サァーホイ」の掛け声で「流れつき」が始まる。三人のつき手は「ホイッサ」「ホイッサ」の掛け声で調子を合わせつき続ける。

　餅になるころあいを見て、おふくろが「アイヨッ」と気合をかける。つき手がぴたりと止まる。慣れたものだが、彼らの顔は汗でキラキラ光っている。そのあとおふくろの「こねどり」で、餅を天地返しをしながら、親父が大きい杵（約十キロ）で臼の底が抜けそうな力いっぱいのつき方で餅を仕上げる。この餅つきが八時ごろまで続けられる。

　ついた餅は、まず、お供え用の重ね餅をつくる。二回目からは贈答用や雑煮用ののし餅となり、さらに落花生餅・大豆餅などで餅つきは終了する。

　子どもらも、朝早く餅つきを見たくて起きる。大人に交じっての手伝いはできないが、かまどの火かげんぐらいは慣れている。かけ声を聞くのも楽しい、それ以上に、ふかしたての餅米ほどおいしいものはない。姉がそっと軽く握ってくれたおにぎりの味は今でも思

正月用の餅つき

い出す。

(10) 十二月三十日　門松たて

門松とりから一両日蔵に保管しておいた松束を取り出す。枝が三段か五段が縁起が良いとされたが、一般的には三段を選んで作った。門松の場所は家の入口の左右と庭の中ほどの南に立てた。さらに蔵・納屋・隠居・氏神様前などにも小さい門松を立てた。

門松は、その場所に杭《くい》を打ち、松と竹を合わせ、新わら縄で下から七重・五重・三重と三か所しばる。梅の枝をさす家もあった。それらの門松に鎮守の宮司から受け取った幣束を結び、門松つくりは終了する。

その門松には、元旦の朝からどんどん焼の朝までの食事をお供えする。この役目は寒の最中だが、多くの家庭は子どもらにまかせっきりのようだった。

(11) 旧十二月三十日　正月の飾り仕事

神棚の古いお札や幣束をはずし、神棚、年神さま、氏神、かまど近くの柱、井戸端《いどばた》、馬屋前の柱などに新しいしめ縄・しめ飾りを飾り、最後に幣束を結び、飾り作業が終了する。

正月の門松

親父が兄貴と一緒になって造った飾り物は、子どもらが見ても神々《こうごう》しさを覚えるのであった。

(12) 十二月三十一日　旧十二月三十日　大晦日

『広辞苑』によると「むかしは、旧暦で月の三十番目の日を『三十日《みそか》』と読み晦日《みそか》と書いた。さらに転じて月の末日を晦日と呼ぶようになった」といわれる。
また、「晦日を別名『つごもり』という。年末の晦日は大《おお》をつけて『大晦日《おおみそか》』『おおつごもり』という。つごもりは『月隠《つきごもり》』とも書き、月が出ない日、とくに旧暦では一日が日没から始まるので大晦日の夜が元旦になる」（『歳時記・にほんの行事』より）

そこで「年神を寝ないで待つ大晦日」の言葉が広まり、年越しそば・除夜（旧年を除《のぞ》く意味）などが全国的な風習となり、現在も引き継がれているものが多い。とくに、この頃は年越しそばを食べた後、食材豊富な「年越し膳」で家族みんなが深夜遅くまで楽しい食事をとる家もあると聞く。

① 大晦日物語

かつての大晦日は、地域ごと家庭ごとに違いがある。「歳神は寝ないで待つもの除夜の鐘」などと子どものころに聞かされ、その気になって我慢しておきていた時もあった。

現在、満年齢が常識になっている。その数え方は生まれた時を〇歳とし、誕生日を迎えるたびに一歳を加

大神宮さまの飾り仕事

える年齢のことである。一方で、生まれた時を一歳と数えるのが数え年の年齢である。年齢は年玉（魂《たま》）といい、正月ごとにやってくる年神からもらうものであった。誕生の時、すでに一つをもらっているので、新年を迎えると二歳となった。

むかしは、数え年をつかうのが一般的で、みんなが一斉に正月に年を取ることになり、めでたいことであった。したがって、初めて迎える誕生日はにぎやかに祝うが、毎回の誕生祝いはなかった。

満年齢で数えるようになったのは、終戦後間もない一九五〇年（昭和二十五年）に「年齢の数え方に関す

る法律」が施行されてからであって（『歳時記・にほんの行事』より）、現在は数え年を使用するのは、占いとか厄年、享年などといった時に限られるようになった。

②年越しそば

このそばのいわれは分からない。もともとは、江戸の多忙な商家が、毎月の末日に「晦日《みそか》そば」を食べ、帳尻合わせに余念のない生活をおくり、大晦日には大盤振る舞いの「大晦日そば」が、時が移り全国的な「年越しそば」になったのではともいわれる。

ある地域では、「借金きりそば」といって、この日のそばは短くとも嫌味を言わずおいしく食べるという風習がある。また、年越しそばを食べ残すと来年の金運が悪いともいわれ、そばは少量の料理で「年越し膳」に多くのご馳走を用意した。

そばのおいしさはそばつゆ汁も大切にしないといけない。かつて、多くの家庭のそばつゆは、醤油にきざみニンジンを入れた汁物で、子どもらにとってニンジンは好物でない。

「しょうねぃ。我慢して食べるだけだ」

大人たちは喜んで食べている。

「酒の後、美味《うま》いのはあたりまえだ」と、子どもらは思っていた。そのせいか、おふくろは、気をきかして子どもらに「安倍川《あべかわ》もち」などつくって食べさせてくれた。当時はそれが「年越し膳」だった。

「この頃、『二年参り』が流行《はや》っている。二年参りは、大晦日から新年にまたがりお参りする形式で、この時ならではのお正月気分を盛りあげる。有名な神社などは、本殿へ向かうまでの通行規制が行われる」（『くらしの歳時記』より）

ここで、その二年お参りをさきがけて昭和十年頃に私自身の考えで、大晦日から新年にかけての素足参りを進めたことに、一種の誇りを持っている今日この頃である。

その後、働き過ぎのおふくろと親父は健康を取り戻し、長寿を全うして逝《い》った。三人兄弟も軍務に服し、長兄が早々《そうそう》と顔面に戦傷を受けたが全治し、終戦後三人とも無事復員し、それぞれの職を務め、天寿を納める九十歳前後に二人の兄は去った。ただすべてに感謝するのみ。

主な参考文献

若林英二『唐土の鳥』
岡田芳郎・松井吉昭著『年中行事読本――日本の四季を愉しむ歳時ごよみ』創元社
古川朋子監修『くらしの歳時記――日本の行事を楽しむ十二カ月』主婦の友社
平野恵理子『にっぽんの歳時記ずかん』幻冬舎
山崎祐子他著『知っておきたい 日本の年中行事事典』吉川弘文館
近藤珠實監修『家族で楽しむ歳時記・にほんの行事』池田書店
工藤忠継『子どもたちへ 冠婚葬祭ってなーに?』ニューミレニアムネットワーク
矢板市教育委員会編『ふるさと矢板のあゆみ』矢板市
矢板市史編集委員会編『矢板市史』矢板市
大槻自治公民館編『郷土の記録1　大槻の歳時記』

あとがき

江戸期から、明治・大正と連綿と続いた農村の年中行事が、昭和前期頃までほぼ受け継がれ、太平洋戦争の終戦によって、農村の生活態様も変革され現在へと至っています。

本書は、昭和前期の農村の歳時記に焦点をあて、それにかかわる物語を加味し、魅力的な文体を書いてみようと考え、聞き取り調査やメモ取りを続け、原稿作成の終了までに早くも十有余年が過ぎてしまいました。あせればあせるほど自己の能力不足に気づきました。とくに初版のこととて適切な取捨選択に決断力を欠いた傾向があり悔やむところであります。

原稿を書き始めるにあたっては、歳時記に関わる物語を、その月日ごとの内容に整合性をもたせ、当時の人々の生活模様が少しでも分かればと思い、なるべく多くの物語を取り入れてみようとしましたが、仕上がってみると、物語は少なく不十分であったことと思います。このことについては、歳時記と物語の関連性を考えたとき、本書の長短は読者の判断を待つのみと考え、ご容赦をいただきます。

本書の発刊にあたっては、終始パソコンの技術指導や助言を受け、ときには文章校正上の話し合いにも気楽に忌憚《きたん》のないお付き合いをいただきました高瀬智明氏、拙著を読み砕いて文体に沿った挿絵を描き上げていただいた金井登氏、聞き取り調査をより深め、自分が生まれ育った集落の年中行事の概略をまとめていただいた八木沢清文氏とご家族一同、ご夫婦円満で長年のお付き合いの中で歳時記原稿作成の原動力にもなっていただいた亀山州一氏ご夫婦、さらに、多くの健康な古老の方には、積極的かつ楽しくきまじめに聞き取り調査にご協力いただきました。ここに今なお、皆様の温容な素晴らしいお心づかいに感銘を受けているところであります。

出版にあたっては、編集をご担当いただいた随想舎の石川栄介氏にはご無理ご面倒をおかけしながら、貴重なご指導を賜り深く感謝申し上げます。本当にありがとうございました。

平成二十七年十月

鈴木幸市

［著者紹介］

鈴 木 幸 市（すずき　こういち）

1927年、栃木県塩谷郡北高根沢村（現高根沢町）生まれ。

1945年9月3日、太平洋戦争さなか軍務（志願）に服し、陸軍第六航空軍（九州に展開）から復員、家業（農業）に従事。

1953年、学校教員免許状取得のため上京し、明治大学短期大学部社会科卒業。

同年4月、栃木県塩谷郡泉村（現矢板市）立泉中学校教員となる。

1988年3月、中学校教員23年、小学校教員12年、計35年の教職を経て退職。

退職後、

矢板市陸上競技協会会長

矢板市古文書調査員

矢板市文化財保護審議会委員

栃木県文化財保護審議員

矢板市文化財愛護協会会長

矢板市川崎城跡公園再生市民会議会長などを歴任。

主な著書

『矢板市古文書史料所在目録』

『矢板の石仏と塔碑』（共著）

『矢板の古道』（共著）

ひぐらしの歌ごえ　昭和前期・矢板地方の歳時記物語

2015年12月1日　第1刷発行

著　者●鈴 木 幸 市

発　行●有限会社 随 想 舎

〒320-0033　栃木県宇都宮市本町10-3 TSビル
TEL　028-616-6605　FAX　028-616-6607
振替　00360－0－36984
URL　http://www.zuisousha.co.jp/
E-Mail　info@zuisousha.co.jp

印　刷●互恵印刷株式会社

装丁●斎藤瑞紀

定価はカバーに表示してあります／乱丁・落丁はお取りかえいたします
 ISBN978-4-88748-313-2